侠客岛

对话

郑永年

A Dialogue about
China and the World

人民日报海外版"侠客岛"◎编

人 民 出 版 社

内容简介

Brief Introduction

　　与著名的中国问题研究学者郑永年先生对话，是一场愉快的求知之旅，也是一场双向激发：提问与回答互相激发，不同年代人、不同学科视角互相激发，国内经验与海外观察互相激发。

　　本书的对话从"中美贸易摩擦暴露了什么问题"谈起，蔓延至大国关系的前世今生；"中国是否还应当韬光养晦"的问题，则勾连出中国的国际地位的变迁。"国进民退""中产焦虑""执政党的转型与绩效合法性""中国数千年治理资源和中共 70 年治国理政新经验"等，这些舆论场和政治经济学领域的热门话题，此次对话均有深入辨析。

　　中国向何处去？这本著作将带给你全新的思考。

作者简介

About the Author

  侠客岛，人民日报海外版旗下新媒体，拥有多个媒体平台，粉丝超1000万。自2014年2月创办以来，以"但凭侠者仁心，拆解时政迷局"为己任，致力于时政、财经、社会热点话题的报道创新，是舆论场里一支很有特色的"轻骑兵"。"侠客岛"对中国政局、发展政策和国际问题的解读在海内外舆论场拥有广泛影响力。

  2018年，"侠客岛"荣获第28届"中国新闻奖"融媒体栏目一等奖。

目　录

穷的时候, 你对外面世界没什么影响, 别人不怕你, 甚至同情你。今天外在世界对中国的反应, 很大程度上是因为你变化太大、变得太快了。

从毛泽东到邓小平, 他们对世界形势的准确判断, 都来自科学分析。

美国精英的共识是要给中国压力。美国不需要跟中国发生热战、军事冲突。你只要返回贫困, 落入"中等收入陷阱", 长期停滞, 对我不构成威胁, 中美就不会落入"修昔底德陷阱"。

不要把西方市场只理解成"卖货"。更重要的是技术市场,这是非西方市场无法向中国提供的。

有恒产者有恒心，中等收入群体比例大了，绿水青山、法治就都有了。

看看资本主义发展史，经过资本原始积累阶段，就要进行社会改革。

可以说，中国的长远前途取决于社会改革的程度。

不要把"均贫富"的责任都推给政府，企业家应当主动转型。

要警惕精英阶层的"城堡"心态。

全面深化改革要抓主要矛盾。

要直接改变既得利益、虎口夺食很难，更切实的方法是创造更多空间。

中国人均 GDP 才 1 万美元左右，距离"亚洲四小龙"都有很大差距，做大蛋糕仍是重中之重。

一个国家富起来不容易，穷下去是很快的！

统、改革开放以来小传统。

决策、执行、监察，"新三权"各自的边界在哪里？

政治需要妥协，妥协也是艺术。

40多年了，现在依然特别需要放下分歧，"团结一致向前看"。

写在前面

这是一本小书，来自一场时间不短的对话。

对话者是常见的"媒体—专家"结构：一方是近年来活跃于互联网舆论场的新媒体品牌"侠客岛"，另一方则是著名的中国问题专家、新加坡国立大学东亚研究所所长郑永年。

大家知道，刚刚过去的 2018 年，对中国来说，在国内国际范围内，两件大事可能具有长远的历史印记：在对外关系的"最大变量"中美关系层面，是贸易摩擦；在国内，站在改革开放 40 周年的历史节点上，人们可以"顾后一瞻前"，回望过去 40 多年的成就与挫折、经验与教训，结合当下的痛点与病灶，找出对策、凝聚共识，团结一致向前看。

这是此番侠客岛对话郑永年的问题意识。从北大毕业到留美读博，郑永年是改革开放后较早出国的一批；久居新加坡、长期观察与调研中国政治与国际形势的他，近年来也因为一系列明快晓畅又见解深刻的文章，在中国内外受到广泛关注。

对于媒体人来讲，把简单问题复杂化、把口语能说明白之事说得云山雾绕，许多专家都可以做到。但能把复杂问题简单化，三言两语点到本质，普通人也看得懂、心有戚戚，讲出写出"人人心中有、人人笔下无"的内容，则更体现功力学养——郑永年便是个中翘楚。

这场对话从"中美贸易摩擦暴露了什么问题"谈起，蔓延至大国关系的前世今生；"中国是否还应当韬光养晦"的问题，则勾连出"改革开放40年后我们最应当聚焦什么"。"国进民退""中产之焦虑""执政党的转型与绩效合法性""中国数千年治理资源和中共70年治国理政新经验"，这些舆论场和政治经济学领域的常见热门话题，以及"AI、未来社会到来"等前沿领域，其实最终都是围绕着一个话题："中国向何处去？"

这些话题，有些此前也零星见诸侠客岛微信公众号上与郑永年的访谈。但就广度、深度来说，此番对谈称得上酣畅。

对媒体人、访谈者以及关心中国现实与未来的观察者来说，与郑永年对谈是一场愉快的求知之旅，也是一场双向激发：提问与回答互相激发，不同年代人、不同学科视角互相激发，国内经验与海外观察互相激发。相对于一个人于书斋中条分缕析、提笔撰文，对话更灵活、更发散，甚至有时候天马行空、意在言外，但也生发出更多可能性。这也让我们越发明白，为何古今中外，历史哲人与经典著作中，许多来自口传与言谈。

这大概正是对话的迷人之处。编辑书稿、使之文从字顺、逻辑清晰之余，我们也尽量把这种相互激发的迷人感保留在对话之中。唯一的遗憾或许在于，整理好的文字，似乎无法体现出常居海外的郑永年依然保有的宁波口音。

第一编

天下

❶

中国与世界：
体量变化引发的连锁反应

———————————————

穷的时候，你对外面世界没什么影响，别人不怕你，甚至同情你。今天外在世界对中国的反应，很大程度上是因为你变化太大、变得太快了。

从毛泽东到邓小平，他们对世界形势的准确判断，都来自科学分析。

侠客岛-公子无忌：

　　郑老师好。今天的对话可能会很长，我们慢慢聊。先从个人话题说起吧。我记得您属于较早出国留学的那一批人，是什么时候去美国留学的？

郑永年：

　　我是 1990 年 9 月份去的美国，身上带着 120 美元就出去了。

侠客岛-公子无忌：

　　我记得以前看北大老师写自己出国留学，好像也就带了 100 多美元，到了美国还很羡慕（中国）台湾同学，他们比较有钱。只带那些钱今天看来比较难以想象，是因为当时穷么？

郑永年：

　　主要是外汇管制，一个人的外汇就 120 美金额度，只能带这么多。

侠客岛-公子无忌：

　　这让人有今夕何夕之感。今天如果从一个宏大的角度，对比这接近 30 年的时间跨度，我们怎么看当今这个世界？您之前谈到，这个世界有各种各样的思潮，民粹主义的、支持全球化与反全球化的，极端的、反智的、左和右的……非常多。当年邓小平说，和平与发展是当代世界的两大主题，今天看上去好像世界很乱。现在还是这两大主题吗？

郑永年：

　　从数据能看出很多东西。那时出去，一个人只能带 120 美金，现在如果自费出去的话不是 120 美金了，得几万美金。20 世纪 80 年代，从我们的立场和从外国的立场来看，真的不一样。80 年代中国刚刚改革开放，我上北大的时候，中国人均 GDP 还不到 300 美金，非常穷。现在完全不一样了，北京学院路上现在一个学院都没有了，确实是翻天覆地的变化。

实际上，我们自己面临的问题，或者我们对前途的不确定性看法，跟数据变化有关系；西方世界对我们的看法，跟数据变化有关系；非洲国家、拉丁美洲国家对我们的看法，也和数据有关系——我们现在人均 GDP 接近 1 万美金，但是从 300 美金到 10000 美金，增加了多少倍？曾经那么穷，现在是第二大经济体、最大出口国。

当年我有个外教有外汇券，你可以拿人民币跟他换几张，再跑到北京友谊商店去买一双球鞋。当时觉得好得不得了，高人一等的感觉。1985 年我研究生毕业，天不怕地不怕。当时，浙江人民出版社搞"政治学译丛"，我们就在学校旁边租了一个农民房，自己翻译，翻译几本书的钱拿去买一台电视，也觉得好得不得了。我出国之前工资就是 99 元人民币。不说国家，这些变化对我们自己的影响就已经是翻天覆地了。

刚说到 20 世纪 80 年代邓小平的判断。但当时还有一个著名的争论，可能现在年轻人都不太知道了，就是当时大家讨论中国会不会被"开除球籍"，从地球上开除出去？那场争论现在不怎么提了，但其实非常有意思。

那次讨论总结了历史——中国近代以来被人家打败，尽管1949年建立新中国，但我们还是处于"贫穷社会主义"阶段。中国刚刚改革开放的时候，西方还没向我们开放，中国人首先接触到的是港澳台和海外华人华侨。这些人进来之后我们发现，哎，这些人怎么跟我们不一样？怎么那么有钱？所以，20世纪80年代的开放不是对西方的开放，西方还没有进来，最早进来的第一批资本是港澳台、海外华人华侨资本。为什么珠江三角洲先发展？是香港人先过来。后来是上海，更晚一点是台湾人去昆山。80年代、90年代中国没多少外国人，也没多少外资，但那个时候，因为我们经济体量小、穷，别人不怕你。不仅不怕你，而且同情你。

20世纪80年代中国人讨论现代化，要向外面学习。一对照中国跟外在世界会发现，我们为什么那么穷？所以怕"开除球籍"，所以要改革开放。当你在世界上无足轻重的时候，当你追求进步但很穷的时候，不会有任何的外在议题，跟外界的关系也很容易搞好。

今天不一样了。中国体量那么大，做什么都对外界有影响。现在中国人吃什么、不吃什么，对外面都很有影响。一些澳洲人说中国人一周多吃一只龙虾，澳洲龙虾的价格就猛涨；中国人一周不吃龙虾，价格就下来了。

所以说，以前中国是大国，但是个相对孤立的大国，跟外面世界没什么太大联系。现在中国跟外面关系太紧密了，中国一动，其他人也要跟着动一下。以前不管你中国内部情况怎么样，除了思想上对人家有点影响，像欧洲1968年的革命、萨特的存在主义等，但从物质意义上来说，没什么影响。那时候是思想输出而不是物质输出，跟今天很不一样。所以数据确实很能说明问题：我们变化太大、太快了。

侠客岛–公子无忌：

当年毛泽东有个判断，说世界分为"三个世界""两大阵营"，冷战结束之后邓小平又提"和平与发展"。今天我们怎么判断世界局势？还是沿用这样的思维，或者说应该有其他的理论模型？

郑永年：

毛泽东提出"三个世界"理论有时代背景。1949 年以后到 20 世纪五六十年代，很长一段时间内，中国的外交是一种"生存外交"。刚开始没多少国家承认我们，最大的大国美国直到 70 年代末才跟中国建交。早期中国"一边倒"向社会主义阵营。60 年代跟苏联闹翻了以后，中国怎么办？迫切要寻找新的国际外交生存空间。毛泽东的"三个世界"理论是在这样的时代背景下提出的。

我们现在的好多人都不去看，其实毛泽东提出"三个世界"理论，是不含意识形态色彩的。

他把美苏作为第一世界，一个是社会主义阵营的代表，一个是资本主义世界的代表；你看，一点意识形态色彩都没有，两个都是霸权；第二世界是英、法、德、加拿大这些国家；第三世界都是穷国。现在有些人说毛泽东做事很有意识形态色彩，怎么样怎么样，其实他做的很多事情不是从意识形态出发的。他跟尼克松见面谈中美建交，也是没有意识形态。他做的很多事是没有意识形态的，实事求是的。他革命了一辈子，最痛恨意识形态。当年王明搞意识形态，就是把"原教旨马克思主义"那一套拿过来照搬嘛。毛泽东为什么提出马克思主义中国化？因为当时的"原版"马克思主义在中国不灵。

所以"三个世界"理论是科学分析，也不带意识形态色彩。第一世界，美苏霸权；第二世界是西方国家，但不是铁板一块；第三世界是穷国。这是非常科学的。邓小平很多思想都与毛泽东一脉相承。"三个世界"理论找到了，就找到了中国的外交空间。中国不像美苏搞霸权；中国以前是向苏联"一边倒",现在独立出来了,就可以自主寻找国际空间了。首先要认识到中国是第三世界的国家,这是大背景。

到邓小平时代,世界已经变化。美苏两霸已经这样了,发展中国家,包括后来的苏联集团本身也有很多变化。社会主义阵营里,匈牙利改革更早,南斯拉夫也是。这两个国家当年也是中国改革学习的对象。第二世界也变化很多。邓小平意识到,用现在的话讲就是"初心"——建立共产主义的目的是什么?在这方面,他跟毛泽东有一致性,又有不同。毛泽东说,建立新中国的目的,是要建立一个新的制度,有理想化的成分,过分地执念追求,就发生了历史的错误。"大跃进"的冒进好理解,是不切实际地去追求乌托邦理念;"文革"因为搞阶级斗争,牺牲的就多了。而邓小平思考的是发展经济,改变贫穷社会主义状态,这也是中国共产党人的初心。当然,毛泽东也没否认经济的作用,也没说要把中国搞穷,只是他没能使中国富裕起来，他也不是要把中国搞穷，而是认为这样搞中国会更强大、更快地富裕起来，实际上违背了事物的客观规律。这一点要看清。毛泽东的实践让人认识到，仅凭主观愿望是达不到、实现不了目标的。所以，邓小平重提"实事求是"，不要试验太理想化的东西了，要搞经济。

搞经济，怎么搞？没钱，没资本，什么都没有，怎么办？搞经济就要有制度，要让资本进来，要有和平的国际环境。所以，邓小平"和平与发展是当今世界两大主题"的判断包括两个方面：一是客观的可能性，二是我们的主观愿望。

邓小平当时判断，美苏两大阵营长期对峙，但是短时间内打不起来，这是和平与发展的客观可能性；更重要的是表达了中国人追求和平与发展的希望。历史的巧合是，邓小平做出这一判断时，刚好赶上西方世界的"里根—撒切尔革命"，美国和英国轰轰烈烈地搞私有化进程，实际上推动了新一轮的全球化。

在今天看来，邓小平这个政治判断很重要。但同样，如果我们自己没有和平与发展的主观愿望，邓小平不会下这样的判断。所以，不仅是客观上有可能这样，更是表达中国要去这么做：外部要和平，内部求发展。并且邓小平也觉得，这也是其他国家尤其是落后国家的愿望。

❷

作为"最大变量"的中美关系：

冲击压舱石

美国精英的共识是要给中国压力。美国不需要跟中国发生热战、军事冲突。你只要返回贫困，落入"中等收入陷阱"，长期停滞，对我不构成威胁，中美就不会落入"修昔底德陷阱"。

不要把西方市场只理解成卖货。更重要的是技术市场，这是非西方市场无法向中国提供的。

侠客岛-公子无忌：

我们现在判断国际形势，外部的"最大变量"中美关系在变化。侠客岛的用户微信群中，有一位搞航天物理的岛友，他翻到20世纪80—90年代初的资料，发现当时美国给我们提供的都是那时很先进的技术。现在变了，在这轮中美贸易摩擦中，大家发现美国开始不断卡你的脖子、卡你的高新技术、卡你的出口。这是很大的变化，也是2018年大家议论最多的国际大事，国际上关注度也自不必言。我们知道您跟美国政界、学界、商界的精英都有许多交往。目前美国对中国的判断，或者说精英们的共识、在美国国内占上风的，是哪种看法？中美之间会像前一些人担心的人那样，包括您警示的，有迎来"新冷战"的可能吗？

郑永年：

20世纪80年代美国对中国开放、恢复邦交，当然不仅是因为"同情中国"，更重要的是地缘政治因素，是联合中国对付苏联的考虑。没有这一因素，美国高端技术不会给你。当时把技术给中国肯定有目的，美国又不是雷锋，不只是因为"同情"。现在非洲国家穷得要死，美国同情吗？同情，给点钱没问题，核心技术不会给的。所以，当时美国给中国技术，主要是因为地缘政治。美国要跟中国"准同盟"，对付苏联扩张。当然，现在情况不一样了。

美国的精英很复杂。我们之前聊过，美国有不同类型的精英，有军工系统的，有华尔街的，有实业至上的，也有意识形态挂帅的。各个方面都有，包括民主的、共和的，精英可以从各个角度来分类，各有侧重。

理解这轮中美贸易摩擦，可以按照这么一个思路去看。

总体上说，首先，美国认为中国已经不属于第三世界国家了。在美国、西方的印象中，你已经经济总量第二，又是最大的贸易大国，怎么还是发展中国家呢？但是他们没有看到中国穷的一面，只看到富裕一面，因为穷人是走不出去的。去美国的都是富人，恨不得把整个美国商店都买下来，还大声喧哗。美国很多人喜欢你的钱，但不喜欢这个人，赶紧把钱拿出来买完就走。美国看到的是中国光鲜的一面，看到的是中国的有钱人。但是我们的穷人也多得是。不说内地，就是浙江、广东这样的富庶省份，穷人也多了去了，好多人一辈子连省会都没去过。

但是，我们的确给外国人留下这样的印象，就是比第一世界还第一世界。当然，这是因为分配差异大。某种程度上，第一世界的人过去那种消费欲望已经不强了。但是中国很多人刚富裕起来，看到名牌就觉得不一样，很疯狂。中国有钱人买名牌车、名牌衣服，恨不得把世界名车都收藏起来、名牌衣服都买光。外国人看到这些，觉得中国不是第三世界了，是发达国家了。特朗普也说嘛，中国老是过好日子，而且还过得太长了。但他没看到中国过穷苦日子的人，他也看不到。

第二个变化更关键。中国发展跟苏联不一样，不是自己搞一个体系独立在外，而是跟这个世界深度融合在一起。20世纪80年代，中国改革开放的特点是"请进来"：没人来，我们就单边开放了；西方没向我们开放，我们开放，把资本、把人"请进来"。90年代进入改革开放第二个阶段，"接轨"。中国要加入WTO，加入西方主导的贸易体系，就要修改大量法律法规，那时最流行的词就是"接轨"，跟国际接轨。之后才发展到第三阶段，"走出去"。前面两个阶段，中国跟西方没有矛盾。中国主动打开大门，让西方资本进来，这有什么矛盾？即使有，也是在做生意层面，中国地方的法规与国外可能不尽相同，有一些小摩擦。"接轨"阶段也没矛盾，我们主动改变，使自己符合西方的规范，也不会有矛盾。

但"走出去"就不一样了，摩擦就发生了。"走出去"，就要跟外界竞争。一方面，中国在一些领域确实相当有竞争力，西方国家感觉到压力了。另一方面，中国市场很大，收入分配差异大，富裕的人不少。我们的中等收入群体的绝对数其实差不多跟美国一样，甚至比美国还多。总体说，我们人均GDP接近1万美金，美国是5万多美金；但因为收入差异大，中国中等收入群体的绝对数不少于美国，这是很大的一块市场。对此，美国会觉得自己赚的钱不够多，要求中国更加开放。

很多人会担心美国是否把中国当作军事层面的"对手"。军事是相对独立的。不只美国，其他西方国家也一样。既然是军事，就一定要有假想敌。无论中国穷富，美国肯定要找一个假想敌。苏联被打垮了，美国2017年的国家安全报告就说，中国跟俄罗斯是美国两个最大的竞争对手。实际上俄罗斯没什么实质性威胁。俄罗斯的经济体量只相当于中国的广东省，在美国眼中，俄罗斯只是一个trouble maker，"麻烦制造者"，对美国国家安全不构成致命威胁。

实际上，中国对美国更没有构成直接威胁。中国甚至不像俄罗斯，按媒体说的，能直接干预美国选举。美国只是不太适应俄罗斯敢说敢做的风格罢了。在军事层面，中国实际上有做什么吗？没有。但是经济体量够大，所以美国把中国看成主要敌人。

所有这些因素加起来，使得美国的精英阶层无论左右、无论民主共和、无论反华亲华，有个共识，就是要对中国施加压力。但他们对中国施加压力的目的又不完全一样。我们之前也聊过，美国的冷战派希望把中国搞垮，像对付苏联那样对付中国，把中美关系引向冷战。军工集团追求自我利益，意识形态派也追求它的利益。华尔街就不一样，他们希望中国更加开放，更能赚钱。世行前行长佐利克就说，中国进口美国汽车关税是25%，但美国进口中国汽车关税才5%，不对等这么多年了，怎么还不改变？他看重的是经济实利。

所以不要把美国看成一体，它不是铁板一

块。美国是不同利益群体组成的利益组合体，要看哪一个利益团体在掌权，要作具体分析。在特定节骨眼上，他们好像有一些共识；过了这个节点，利益又会分化。所以要看中国怎么应付。

侠客岛-公子无忌：

经贸关系常被表述成中美关系中的"压舱石""稳定器"，中美关系最大的稳定来源也在于此。有人跟我们说，也不要太过于悲观，2001年还南海撞机呢，那时局势比现在紧张多了，一样磕磕绊绊走过来。从中国的角度说，贸易摩擦给大家共同的感受：一方面是压力，我们的技术、经贸依赖美国的太多；另一方面，我们也会反思我们未来的发展策略，比如经贸是不是要分散、技术是不是要自主开发等。在策略层面，您觉得中美贸易摩擦对中国人、对精英阶层、决策层来说，得到的最大的启示是什么？

郑永年：

我不认为特朗普的做法是一门心思要去破坏中美关系的"压舱石"。贸易摩擦是中美关系发展到另一阶段的表现。中共十九大说"新时代"，中国的内部改革、外交关系，包括中美关系，都进入新时代了。无论内部外部，"新时代"确实是质的变化。中美关系发展到这一阶段，已经要变化了，可以表现出不同形式。只不过，刚好作为一个商人的特朗普当选了总统，他就从经贸开始。如果是希拉里·克林顿当总统的话，可能会从南海问题、朝鲜半岛问题，或从台湾问题开始。总能找到一个找麻烦的起始点的。现在只是以特朗普的形式、表现出贸易摩擦形式，因为他最熟悉经贸。

贸易摩擦破坏中美关系的"压舱石"，但不是说"压舱石"破坏了，中美就没关系了。当年争霸的美苏之间也有关系。尽管它们之间没什么经贸压舱石，也要在核武器、导弹等问题上协调，还是有可以相处的关系。

改革开放这么多年，中美之间主要是经贸关系，但也不是刻意只发展经贸。20 世纪 80 年代，里根和撒切尔改革与中国邓小平改革刚好重合在一起，铸造了这一波的全球化。"亚洲四小龙"现在可以算是西方经济体系的一部分，它们的全球化在七八十年代就完成了；俄罗斯、其他国家对全球化贡献微不足道。所以，这波经济全球化，主要力量就是中、美、欧。所以，中美经贸这个"压舱石"，不是人为的、刻意发展出来的，而是客观历史发展构成的。将其称为"压舱石"，是因为重要。比起经贸关系，中美人文交流、文化交流也很多，只有军事关系相对比较淡。所以，中美关系不只是经贸关系，这一点不必太悲观。最主要的还是看我们自己怎么应对。

　　有贸易、贸易关系平稳也不意味着天下太平。以前好多人说中美是"夫妻"，离不了婚的，离婚损失太大。英国学者尼尔·弗格森将其称为"中美国"，也是就双边经贸的依赖程度说的。

但这并不能防止战争和冲突。

很多人说，现在的中美关系特别像"一战"前的情况。"一战"前，欧洲国家之间的贸易依存度可能比现在中美之间还高；一旦情况有变，战争就开始了。经贸关系可能可以制约战争，但不会消除战争。历史上有太多经验。"二战"也是这样。"二战"前美国跟日本还是同盟国呢，照样打日本；美德也是同盟国，但德国挑战了美国，还是要打。战争是不管这些的。好多人幻想，说如果中国变成像美国式"民主"，美国可能就不会打我们。这也是幻想。当然，"民主"是个借口；即使"民主"，只要和美国的利益冲突剧烈，美国还是会打。

德国跟日本就是再好不过的例子。有人说日本是美国的"小老婆"，但当 20 世纪 80 年代日本的经济实力挑战美国时，美国也会毫不留情地出手。当时的日本甚至比今天的中国更厉害，美国人在讨论，汽车市场被日本占领了，电视、相机都是"日本制造"，整个曼哈顿也要被日本人买下来了，跟今天美国人讨论中国差不多的。德国也一样，它的制造业厉害。所以利益是首要的；不是说中国变成美国这样的国家，美国就不会打压我们了。当然，现在无论德国还是日本，都是美国盟友，美国不会把它们一棒子打死，只要把它们的经济压制下去，不对美国构成强烈威胁就可以了。中国的军事是独立于美国的，所以现在美国会在军事层面搞出张扬的气氛来。日本、德国的军事张扬不起来。

但这是否意味着以前的历史会重演呢？我觉得这还是取决于怎么应对。

回到大国间的关系。无论美苏、美德、美日，大国间的竞争都不可避免。没有竞争就没有合作，这是铜板的两面。经贸也一样，不会只有竞争或合作。苏联跟美国太空竞争，核武器互相对峙，但是为了不发生冲突，两国也有合作。所以，首先要看到，大国间的竞争不可避免，要直面这种竞争。

关键的是中美把竞争引向何处，中国想要跟美国竞争什么。是跟美国军事竞争吗？政治竞争？意识形态竞争？价值观竞争？还是经济竞争？

美国的政治制度、意识形态的确不像以前那么有效了，社会出了很多的问题。但它的好莱坞文化依然有相当竞争力，军事也很强，不需要跟中国竞争。我说过，美国不怕中国军事。五角大楼整天说中国是威胁，那是为了争取既得利益，多弄点钱。美国的军事技术远远领先于中国。同样，中国的意识形态、政治制度对美国有冲击吗？目前还没有。

所以，美国最关切的，还是中国大的市场。还是经济，美国要分一杯羹。这一点要看清楚。中美竞争确实不可避免，但是跟美国竞争什么，我们可以选。上次咱们也聊到，"一带一路"倡议可以做得更好；在国际战略层面，"一带一路"倡议的最大功劳，是把中美竞争延伸到了经贸竞争，而非军事竞争。中国推行"一带一路"

倡议，西方感觉到有压力，所以现在美国也好，日本也好，还有印度、澳洲、欧洲，都在纷纷出台应付"一带一路"的措施，或者推出它们自己版本的"一带一路"。这是很好的事情，就是大家在同一个轨道上竞争。竞争的结果肯定有合作，而且是经济的竞争。经济的竞争就不会是零和博弈，一定是多赢，只不过是谁赚得多、谁赚得少。千万不要把竞争引向军事层面。如果中美搞军事竞争，整个亚太地区都会被引向军备竞赛。苏联的教训要吸取。这是从国际关系层面讲。

从中国自身的角度说，当美国实行贸易保护主义，或者"经济民族主义"的时候，如果中国真的按照深化改革、继续开放的策略，真正开放、更加开放，那美国也封闭不了中国。只要中国不自我封闭，美国是封闭不了中国的，正如特朗普封闭不了美国市场，白宫封闭不了华尔街一样。因为华尔街的资本，本质上就是全球化的产物。我说过，现在有三种资本，实

体资本、金融资本、互联网资本；实体资本可以
待在美国，但互联网资本和金融资本的本质就
是全世界的，怎么能挡得住呢？所以，只要中
国真正开放，世界就不会滑向冷战，贸易摩擦
也打不到什么程度。事实上我们也看到，贸易
摩擦这么长时间，也没有按照特朗普所预期那
样，对美国产生那么积极的效果，也没有造成
中国大乱。

侠客岛–公子无忌：

还造成了美国金融市场的动荡，股市一度
跌得很惨，而这是特朗普非常看重的政绩部分。
美国的贸易逆差似乎也没有改善的迹象。这是
结构性的，短时间改变的确很难。

郑永年：

实际上，一个国家最重要的还是市场力量。
美国现在最强大的地方，就是它的大市场，以
及技术、创新能力和美元；但最重要的还是大市

场。对很多国家来说，美国对它们的吸引力是市场，不是"民主""自由"。"民主""自由"对一些国家能加点分，对一些国家会减点分，但是不论是谁，都需要市场。中国也是。现在很多国家和中国的密切关系，也建立在中国大市场的基础上。美国有一个市场，中国有一个市场；我个人觉得，不管贸易摩擦怎么发展，两个市场不会完全脱钩。只要反应得当，不走向美苏冷战就可以了。只有一方意图冷战，是打不起来的。

侠客岛-公子无忌：

我注意到一则外媒的采访，采访的是央行前行长周小川。他说道，贸易摩擦之后，中国可以把这些本来出口给美国的东西运送到世界其他的角落里面去，比如欧洲，比如说拉美、非洲。这种分散策略你觉得是否会奏效？

郑永年：

非洲也好，拉美也好，其他国家也好，从应然的角度，中国的确应当开发"非西方市场"，不能完全依赖西方。但我们也要意识到，其他的市场替代不了西方市场。

市场并不是简单买货卖货的概念。现阶段对中国来说更重要的是，西方市场是技术市场。杨伟民提到四波工业化：1.0 机械化，2.0 自动化，3.0 信息化，4.0 智能化。中国的工业化到底什么程度？杨伟民说，中国大量企业处于 1.0 到 2.0 之间；3.0、4.0 的有，在发展，但基本都是西方技术的应用。也就是说，如果当下开始冷战，西方停止向中国技术输出，中国 1.0 版、2.0 版的企业是可以生存下来的，但是大量 3.0、4.0 的企业会死掉。

所以西方市场不只是我们卖东西的地方，更重要的是技术、是产业。在产业方面，中国跟西方其实没有多大竞争性，远低于西方产业链。"中国制造 2025"升级换代很好，但能不能实现，还是要学西方，在产业链、价值链、技术链上往上爬。技术进步更不可能关起门来，对吧？自力更生很重要，但不能片面地把自力更生理解为"全靠自己干"，更不能在宣传中错误地给人以这样的印象。比如我们说中国自力更生搞出了"两弹一星"，但不是说中国的农民自己就能搞出来，还得是像钱学森等人，这些人在西方学成回国，先有了知识储备，再去自己搞材料。那是特殊情况，不是说搞技术就一定要封闭。现在麻烦的是，在技术领域美国也存在一定程度的封闭现象。对中国来说这是非常大的考验。非洲、拉美市场可以卖东西，但它们没有技术，只能提供原材料。

咱们上次聊到"两个陷阱"，"修昔底德陷阱"跟"中等收入陷阱"。对美国来说，其实不需要跟中国热战竞争，只要让中国回到贫穷，跌到"中等收入陷阱"里面就行。只要中国赶不上美国，差距拉大，构不成挑战，两国就肯定不会落入"修昔底德陷阱"。还有一个就是说，冷战派，我们以前讨论过的，希望把中国搞成另外一个苏联。

我写过一篇文章，谈贸易摩擦中我们"暴露了什么"。暴露了什么？暴露了我们核心技术还是被别人卡脖子，暴露了我们宣传话语的落后，包括民间的反应形式、心态和思潮。这都是美国对付我们的手段，我们需要好好总结。美国就非常善于总结。我看了最近兰德公司的报告，关于"一带一路"的研究，人家了解得清清楚楚，你有什么项目，效率怎么样，一清二楚。反而有些时候我们自己稀里糊涂的，不知道我们的智库在做什么？

侠客岛-公子无忌：

外部政策有时是内部问题的外在化。在您看来，从客观的、更长的周期来说，全球化为何30年后在全球范围内，尤其是在全球化的策源地遇到像现在这样强烈的反全球化力量？西方为什么出现中产阶层大规模缩水、贫富

差距扩大以及愈演愈烈的种族问题? 这些国内
问题的根源在哪儿?

郑永年:

近代以来形成主权国家,实际上,20 世纪
80 年代全球化之前,主权国家有相当的"经济
主权"。比如美国,福特拥有汽车技术,这个技
术就产生工厂,之后美国就产生工人、就业,
也产生税收。全球化就不一样了。美国的某个
技术,可能既产生不了就业也产生不了税收,
因为这个技术放在中国的珠江三角洲了。某种
程度上,珠江三角洲的农民工就是美国的工人
阶级。这个美国的技术为中国产生了就业,为
中国地方政府产生了税收,相应地美国就没有
这方面的东西了。资本家得到了利益。当然,
通过国际征税,美国联邦政府也拿到了一些钱,
但和老百姓没有直接关系。所以,这一波 80 年
代全球化,跟以前最不同的,就是大部分国家
现在不拥有完全的"经济主权",管不住了。现

在特朗普尝试夺回经济主权，所谓"再工业化"，想把资金、技术、工厂、产业再吸引回美国去。这是全球化的结果。

其次是技术的进步，变得不需要那么多人力了。以前，比如银行，要雇用很多人，很多业务人员，做保险什么的；现在你去华尔街看看，一笔钱、几台电脑就够，电脑操作。这就是为什么十年前会有金融危机。以前人工交易，一天可能交易一次两次，现在一个小时可以交易几十次。金融危机的时候，欧洲就说，要限制美国的交易次数，每次交易都要收税；美国就反对，因为它是金融老大。就像现在的互联网一样，欧洲法律那么严苛，美国是绝对不会照搬的，因为欧洲没有自己的互联网巨头，法律才严格。技术发展会有替代效应，不需要那么多人工。以前这些人工都是中产阶层，现在一下子数量就下来了。

所以，全球化导致国家经济主权的失去，技术本身进步又加剧了这个趋势。皮凯蒂写《21

世纪资本论》，他的判断还是不错的：资本赚的钱太多了。但是他错的地方在于，资本赚的钱多，劳工是少了，但同样政府收入也少了，税收也少了。这就是为什么贫富分化那么大。皮凯蒂号召"全世界政府联合起来"，这当然是空想。全世界政府哪能联合起来？资本联合起来很容易，政府联合起来太难了。

❸

中国今天还需要"韬光养晦"吗

我并不觉得中国背叛了韬光养晦原则。今天韬光养晦的行为方式肯定跟邓小平时代不一样。不对韬光养晦做与时俱进的分析,是很迷惑人的说法。

地缘政治也要与时俱进,不能总是老思维。我判断中美热战不可能,但要避免触发冷战。

侠客岛-公子无忌：

　　我们知道，当年面对东欧剧变的国际局势，邓小平说过很著名的战略方针，包括"冷静观察、稳住阵脚、沉着应付、韬光养晦"等，也有"善于守拙、决不当头"。其实，一段时间以来国内有些讨论，说中国现在实力强了，"走出去"了，也在国际上越来越有作为了，是不是不再"韬光养晦"了？或者说，今天我们怎么去判断世界上的力量对比和形势变化？

郑永年：

　　"韬光养晦、有所作为"要动态地看。我也注意到你说的这些舆论。我们前面说了数据的变化，体量变了，怎么还能像当年的"韬光养晦"那样呢？当年中国很穷，别人同情我们，现在有这个条件吗？现在中国一些人出国，花钱大把大把，比人家还富裕，别人还同情你吗？时代不一样了。

　　我自己的看法是，"韬光养晦"是比较永恒

的原则，但在不同的时代，"韬光养晦"应当有不同的意义。今天的中国还想实行邓小平那时的韬光养晦是不可能的，是臆想。藏都藏不住的。

在东亚范围内，邓小平也看到了其他国家"韬光养晦"的进程。比如东亚第一个现代化国家日本，当年也很韬光养晦。后来，日本被美国控制、占领，到今天为止依然如此，并且思想、意识都"假装成美国"，但事实上日本的民族、经济都跟美国完全不一样。"亚洲四小龙"也是，假装成美国。但是中国那么大，不能假装，也没必要假装。小国家、一小块地方确实可以假装成美国，但中国是一个文明，怎么假装呢？俄罗斯假装不了美国，印度也假装不了美国。

所以，如果不对"韬光养晦"做一点与时俱进的分析的话，是很迷惑人的说法。韬光养晦是对的，像当年说的，永不当头、永不称霸，这一点中国现在也没放弃，我们也没说要当世界领袖，没说要称霸，对吧？所以，第一，我不认为邓小平当年那种"韬光养晦"到现在还能维持下去；第二，中国实际上也没有放弃韬光养晦这一原则。

有的人说，像"一带一路"这样的倡议，说自己国家还没发展好，干吗要把钱送到外面去？其实不对。

首先，"走出去"是必然的，"一带一路"前中国就"走出去"了。无论欧洲、北美、日本还是其他，一个国家经济发展到一定阶段，肯定要"走出去"的；一个国家资本过剩的时候，过剩资本也肯定要"走出去"。中国资本跟美国资本有什么本质区别？没什么区别，资本就是要赚钱。国有资本要赚钱，民间资本也要赚钱，只是大家面临的制约不一样。中国改革开放40多年，最大的成就之一就是，从当年那么低的GDP、从资本高度短缺的国家，在很短时间内成为资本过剩的国家，积累了大量资本。再加上之前产能过剩、技术发展，都构成了"走出去"的动力。"走出去"不是做雷锋，不仅为了对方国家的发展，主要目的是为了你自己的可持续发展。

只不过中国"走出去"面临的条件不一样了。以前西方搞殖民主义，搞帝国主义，我们现在还能做吗？英国发动鸦片战争，西方动不动用枪炮打开我国大门，用枪炮打开其他国家大门，占领你、殖民你，中国还能这么做吗？当然不能。所以，大家要理解，"走出去"并不是放弃韬光养晦，"走出去"是为了可持续发展，而不是做雷锋。当然，我们"走出去"跟西方不一样，我们不是去剥夺、掠夺人家，而是要推动当地经济的发展。"走出去"不光是为了要钱，或像美国一样通过海外援助去控制别人；中国有一个词叫"共同发展"。这些都不是背叛韬光养晦。

但同样，从边缘地带走向世界舞台中心后，中国的内部发展马上会对外部世界产生影响。现在国内一些人，经常不考虑国际因素，像特朗普一样，喊"美国第一"就不管其他国家了。

中国以后也会越来越多地碰到这样的问题，要多考虑国际影响。所以，要考虑如何塑造自己，更容易让跟你不一样意识形态、不一样文明形态的国家接受。

在这方面，我的考虑是不要过度强调跟别人差异的地方。人都不容易害怕自己熟悉的东西，害怕的是跟自己很不一样的东西。我们跟国际接轨了那么久，实际上中国人做的好多事跟西方没有什么差异，但是太过于强调身份感。这刚好跟日本、跟"亚洲四小龙"不一样。这些国家和地区，好多明明自己的东西，要包装成西方的；相反，本来是跟西方没多大差异的，一定不要包装成中国的。我们要反对"西方就是普世"这个命题，但马克思主义也讲，任何一个事物都是特殊性跟普遍性的结合，我们不能光强调特殊性，失去了普遍性。失去普遍性肯定走不出去。在国际舞台上，还是要更多强调普遍性的方面，更容易让人接受。这是思维需要调整的地方。

侠客岛-公子无忌：

您刚才说到"一战"前的欧洲，"二战"时的美日。一些市场人士和中外人士也跟我们表达了担心，就是中国未来会不会面临局部战争的风险？事实上前几年中国在南海、东海都遇到了一些摩擦，当然这两年的态势稳定下来了。回望这些历史，从中可以得出何种借鉴？或者说应该怎么样去把战争风险降到最低，争取更长时间的外部和平环境？

郑永年：

这也是2018年香山论坛讨论的主题。大家担心，摩擦多了，会不会擦枪走火？人类历史上也有这种情况，双方可能不一定想发生战争，但是有人擦枪走火了，战争就发生了。很多大战争都是从一个小事情表现出来的。想尽可能避免战争，前提得是双方都不想战争。所以CBM（Confidence Building Mechanism），建立互信机制就很重要。只要有一方蓄意战争的话，就没用了，总能制造出事端来。如果双方都不想发动战争，互信机制就有用。

中国跟周边国家，包括越南、菲律宾，没有任何战争的基因和根源。只要中美之间大局稳定，就不会有战争，至少不会有热战。我自己的判断是，热战不可能。当今世界，尤其是中美两个核大国之间，热战可能性非常低。哪怕是在南海、中国台湾、朝鲜半岛有零星的军事冲突，那也是只是冷战的开端，大家找一个借口开始冷战，不会发生热战。

现在很多人思维不进步。比如说地缘政治，以前的帝国靠占领更多土地，后来变成要控制海洋，这种形式跟今天信息时代的地缘政治是完全不一样的。但是很多人思维一点没变化。传统地缘政治学说有个理论，"谁控制中亚谁就控制全世界"，现在还能这么说吗？已经变了。海洋时代，"谁控制海洋谁就控制世界"，当然现在海洋还是很重要，陆地也很重要，但是现在控制海洋的重要性，远远比不上控制信息的重要性。

还有好多人说美国把中国看成敌人，要把中国分解、肢解，甚至直接占领中国，我看这个时代已经过去了。美国不需要占领中国，不需要像占领菲律宾、日本等那样。很多人思维还是没有变化过来。我们前面讨论了，美国把中国打入"中等收入陷阱"，打回邓小平时代之前的贫穷社会主义，那就没有"修昔底德陷阱"了嘛，你不挑战我就行了嘛。把你放在外面孤立着，Who cares？做到这个程度就可以了。

所以现在的思维应该是怎么避免冷战。包括特朗普也一样。如果贸易摩擦打不过中国，或者对中国一点压力也没有，拿不到想要的结果，说不定他就用其他的方式了，比如可以用台湾问题、南海问题，甚至朝鲜半岛问题。所以我们还是要特别小心。看贸易摩擦不能只看贸易，军方不能光看军事，这不行，要一揽子地看，协调好。我最担心的就是没协调，九龙治水，这会导致片面思维。

第二编

社会

❹

经济与法治：

从"国进民退"的争论说起

"中国模式"究竟是什么？我说的中国模式和国内学者的不一样。

法治的根基是社会力量的对比。

有恒产者有恒心，中等收入群体比例大了，绿水青山、法治就都有了。

侠客岛–公子无忌:

前面聊得很宏观。您刚才也提到,不管中外关系怎么变化,归根结底还是我们怎么去应对。2018 年一直在谈改革开放 40 年,其实我们也发现,40 多年过去,似乎还是需要共识。一段时间以来,舆论场内谈论的似乎还是一些 40 多年来反复讨论的话题,比如"国进民退""左"和右,甚至可以追溯到某些姓"社"姓"资"的讨论等。您前面也提到,欧美资本积累过程一部分是靠着殖民枪炮,而我们没有这些条件,也在短短几十年时间里,从一个资本缺乏国变成资本输出国。国际上有关于"中国模式"的讨论,国内更多。大家说来说去,有人说核心是公有制,有人说是中国人的勤劳,有人说是土地模式,角度很多,结论甚至大相径庭。在您看来,中国这 40 年的飞速发展,究竟它最核心的本质、模式是什么?

郑永年：

　　我说的中国模式和国内学者所说的中国模式不是一回事。

　　有些学者说中国模式是好的，"就是好就是好"，比谁都好。实际上我特别相信中国古人说的，三十年河东，三十年河西。实际上真正的变化是在 2008 年，西方发生金融危机的时候。以前是西方的学生，金融危机之后要当老师了。

　　资本积累的过程在每一个国家都不一样。毛泽东时代也有资本积累，苏联国家资本积累也有，所以从道德的角度来说资本积累是说不清楚的。西方殖民地、帝国主义阶段之前也有自己的剥削，剥削自己的工人阶级，否则的话也不会有雨果、狄更斯描述的世界。西方国家是先剥削自己的老百姓，资本过剩了再跑出去了，进入第二个阶段。

　　我讲点宏观的。从经济上说，我刚刚出版的英文书，*Marketing State*（《市场国家》），里面说了三重资本。这在中国非常有效。中国现在就是三种资本：国家资本一层，是顶端的；底层大量的 SME（small and medium enterprises，中小企业），自有资本、中小企业，这在哪个国家都一样，国家也不会干预；还有一个中阶层的资本，就是国家跟民营资本相结合的地方，现在叫 PPP。大的国家资本，产权是明确的。下面的 SME，民间资本，产权也是明确的。但一到中间这一层就不太明确了。

实际上这也不是新的东西，中国从汉朝到晚清都是这样的。《盐铁论》，你去看，里面明确说国家要垄断控制重要的领域，盐铁、丝绸，都要控制的；底下的就不管了，可以自由发展。到了中国近代，就概括成三种形态：官办、官督商办、商办。现在也是这三种。最难弄的是中间层，因为中国过去一直缺少 rule of law（法治），没有一套好的法律制度。当 SME 这些底层的中小型企业发展到一定程度，就需要国家帮助了，国家不帮助就发展不了；做大了又容易不放心，就开始干预了。底层的大量的 SME 多的是，有

1亿多家企业，国企数量少得多。现在舆论场内讨论"国进民退"，大多是发生在中间层的资本。

"国进民退"的问题的确值得认真讨论。从20世纪80年代到中共十八届三中全会，大家一直在争论的一个问题就是产权要明确化。产权要法治，就是从政策角度不可以歧视民营企业。但一直以来这种争论都有个缺陷，就是当大家讨论产权明确化时，大多数时候只关注私有产权，要私有化，自由派就是这样。但实际上，国有资产的产权也要明确化的，否则国有资产就被私分、流失掉了，改革开放以来我们见过太多此类问题。所以，产权要明确，应该是私有产权、公有产权都要明确。

第二个层面是法治。从法律上看，两方面产权是要保护，不能光保护私有的，不保护公有的。还有政策上怎么运作。现在这几方面大家都不提了，稀里糊涂地去做，当然容易出现"国进民退"了，经济困难时期尤其容易出现。客观上看"国进民退"的现象是有一些的。民营资本最敏感，看看中国资本的流向就能感觉到压力了。讨论了很多年的《民法典》还没出来，这些方面确实需要进步。这也是中共十八届四中全会、十九大中说的"法治"。现在坦白讲，推进比较慢。另一方面，"国进民退"确实对民营企业造成压力，当然压力也并不光来自这里，也有国际环境或产业升级的因素，实际上这些因素从十年前国际金融危机时已经开始了。

这些问题也不光是在中国才有。欧洲也有左派、右派的争论，任何国家都有这种争论，甚至欧洲国家比我们争论得更厉害。为什么我们一篇自媒体的文章就让大家惊慌失色，甚至最后连领导人都要出来亲自说话给大家吃定心丸？为什么欧洲的这种带意识形态的讨论，甚至很激进的讨论不会对商业造成很大的影响？就是因为有一层法治。什么民营经济完成了历史使命应该退场这类的，你放在西方社会里去说，它不会发生一点点影响的，有法治基础在，你想变就变，哪那么容易？所以，为什么这种言

侠客岛对话郑永年

论会在中国发生那么大的反响？这就是我们制度化程度低，法治基础的层次比较低，大家一看这种带着意识形态色彩的话，就害怕了。所以要具体问题具体分析。

侠客岛-公子无忌：

法治是特别基础的一环，也是特别核心的一环。从另一个维度来讲，法治从 20 世纪八九十年代就一直在谈，为什么到今天还是不够好？它的最大障碍在哪？如果我们要推行法治，应该先从什么地方做起？这些年来我们也在互联网舆论场上观察到，在许多舆论热点事件背后，比如高铁霸座、公交车抢司机方向盘，包括"昆山龙哥"引发的全社会对正当防卫的讨论，等等，我们可以发现，现在的普通人，尤其是年轻人要规则、要法治的意识非常强，大家非常明确地反对和稀泥式的执法，反对"巨婴""熊孩子""按闹分配""会哭的孩子有奶吃"等种种现象，大家对规划和法治的诉求其实很强烈。怎么把这种诉求转化成社会共同尊重法治的现实？

郑永年：

这个问题当然很复杂。首先，建立法治对任何国家都是最难的。西方有古希腊、罗马法的传统，到了近代也花了150多年，才建立起来真正的法治，其实时间很长。西方还有宗教因素。这不是说我们要复制西方式的法治，东亚的法治就很不一样，新加坡、日本的更多是 rule by law（法制）而不是 rule of law（法治）。西方的法治是西方的，西欧的法治从来没踏出过西欧的范围。每一个文明都要建立自己的法治，这很重要。

其次，社会比较简单的时候，不需要那么多法治。像中国传统农业社会时代，不需要这么复杂的东西，士、农、工、商，几条政策就够了，社会秩序就定下来了。社会越复杂，法治越重要，简单社会就不重要，像我们这样几个人在一起聊天，就不需要法治了，有规则就可以；法律进来就是要有第三方了。为什么现在年轻人需要法治？因为需要规则，没有规则没法行动。为什么要有交通规则？因为车多了。如果只有一两辆车，就不需要交通规则，也不需要红绿灯。需要多起来了，就要调节社会。所以，法治跟工业化、城市化都是相关的。

中国的确也缺乏现代意义上的法治文化背景。我的研究是，中国有一个地方跟西方不一样：西方早期有一神教，有上帝的概念；近代以后又出现"自然法"。无论是上帝还是自然法，现实中都是不存在的，都是想象，但在这种想象中，每个人都是"平等"的。中国的传统不一样，传统伦理是"五伦"，君臣、父子、夫妻、兄弟、朋友——这哪能平等啊？除了朋友比较平等一点，其他都是不平等。中国也没有"自然法"的概念。

但这并不是说中国历来就没有法治传统。现在的一些思潮要把西方的法律完全变成中国的是完全错误的、片面的。在中国传统意义中，"法"只是刑法，是惩罚坏人的。

严复在翻译《法意》（编者注：即孟德斯鸠《论法的精神》）的时候，他说西方的"法"，至少要包括中国的"法"，儒家的"礼"，宋明理学的"理"，制度的"制"，等等。要我说，现代的"法"还要包括中国传统的"经"和"史"，比如《资治通鉴》就是约束精英行为的史书，"经"更是这样。

所以中国跟西方不一样。中国每一个群体都有自己的"法"，就像一个俱乐部，各个群体的规则不统一。但是现代社会需要统一的规则。老百姓也有这个意识，当然能不能实现是另一个层面。

中共十一届三中全会提出16个字，"有法可依，有法必依，执法必严，违法必究"。那时候搞"普法运动"，要天天讲、月月讲、年年讲。从这个角度说，我们现在做得还不够。法不仅仅是精英要守法，更要在全社会推行法的意识。

很多中国人到新加坡之后都不理解，为什么现在还没取消鞭刑？因为那是个象征，法的象征。以前在王府井吐痰罚五毛钱，有钱人直接给你一块钱，我再补上一口，省得你找钱了。这种法有什么用？在新加坡随地吐痰罚3000新币，还要劳动改造一个星期，这就有用了，这就是法。所以我们需要好好思考，怎么样才能使得所有人有法治意识。

比如，为什么中国的工业化过程中有那么多的钉子户？新加坡不可能存在这种现象的。一个小区只要70%的人同意搬迁，30%不同意，再不同意也要进行，这就是法治。我觉得中国的法治需要时间，但现在各级重视程度还是不够。当年邓小平有紧迫感，因为"文化大革命"无法无天，大家都是受害者，所以从精英到老百姓都感到要有"法"。但是过了一段时间，就还是回到传统，人情或者其他的方法操作，毕竟更方便。西方人是动不动就上法庭，中国是没办法才去法庭；他们是第一工具，我们是最后一个工具，能不去就不去。这带给我们很多社会成本，也出现很多问题。

对法治这个问题还要从更本质的角度看。法治不是说写个法律，写出来法条大家就接受了，社会力量的对比非常重要。现在好多人只从法律文本上说法治，这不行。国际关系学中的"英国学派"就讲，法律有没有用，重要的是"阶级力量的对比"。这是很要害的观点。

西方的私有产权哪来的？法治哪来的？要看历史。罗马帝国解体后，没有大的统一帝国了，城市国家就发展壮大。这种城市国家，主体就是商人，城市就是商人的。国王要统一国家，没钱怎么办？向商人借钱。商人说，怎么保护我的利益呢？那就签合同，要还钱。商人还不放心，万一国王不还钱怎么办？那你把议会给我。所以马克思说得非常对，早期的国家就是资本家的代理人，"资本驯服了国王"。

中国历史当然跟西方不一样。中国一直是皇权传统，士、农、工、商，商排在最后。几千年来我们对商人从来不重视。商的经济权力也不能直接转换成政治权力，不能做官。商人有钱了，皇权不放心，就让你买土地，跑不了了，不动产嘛。当然小官也可以卖给你，你有钱可以让儿子读书，考功名。所以几千年来，中国的皇权基本上没有制约力量。

要我说，如果一个社会中产阶层占了50%、55%，法治就有可能。如果中产阶层到了70%，那就产生法治了。日本、"亚洲四小龙"都是这样。

为什么说法治是社会力量对比的产物呢？你去看非洲国家，很多是英国、欧洲的殖民地，留下来的都是西方的"法治"，法律条文非常精致，写得很漂亮，宪政也有、法治也有，自由民主也有、多党制也有、自由媒体也有——有用吗？没用！还是穷人社会，极端贫困还没解决呢！比较一下，同样的是英国、欧洲曾经殖民的国家，孟加拉国这些穷国，法治就行不通，新加坡就能有法治，为什么？因为中产阶层力量差别。

中国古语说"有恒产者有恒心"，中等收入群体有法治意识，有财产，要保护自己。所以我一直说，中国要把中等收入群体做大。中等收入群体做大了，法治就有了。中等收入群体小，什么都没用。所以发展是硬道理，从世界、从历史看就是这样。我们得发展中等收入群体，现在比重还是太小了。为什么"特朗普革命"能选出特朗普？美国"二战"以后中产阶层比例高达 70%，现在还不到 50%。奥巴马执政 8 年，中产阶层以每年一个多百分点的速度下降。所以为什么说特朗普那次大选是中产阶层"白人革命"，是"白人的公投"？因为美国中产阶层变小了。

我的观察是，任何国家的中产阶层大了，青山绿水什么的就都有了，因为中产阶层需要。某种程度上，共产党的目标应当是把低收入群体转化成中等收入群体，提高大家的生活水平，这是最重要的社会基础。这也是我们的初心，提高大家的生活水平。我是马克思主义者，经济决定一切。西方也一样。中等收入群体"有恒心"，是社会秩序稳定的压舱石。

从学术角度看，不同文明一开始其实差不多，经济与政治完全连在一起的，不可能独立于社会。近代资本崛起之后，经济就独立出来了。我们现在说的"政治学家""经济学家"，以前没有的，马基雅维利、霍布斯都要建立秩序，完全是政治的，一直到洛克，都认为经济是政治的有机一部分。但是西方近代以后，尤其是发展到新自由主义之后，经济就完全是一个自主的领域了，跟其他东西分开了，经济规律跟社会和政治没关系，造成西方现在很多深层次矛盾。

中国的理论是，将经济发展到一定程度是政府的责任。西方把这叫作干预，凯恩斯主义。中国的学说则是，这就是政府的责任。从理论上、意识形态上说，中国的是比较好的。但是到今天为止，最重大问题还是如何做大中等收入群体，让有恒产者有恒心。

❺

中产之焦虑：

中国会否迎来自己的"进步时代"

看看资本主义发展史，经过资本原始积累阶段，就要进行社会改革。

可以说，中国的长远前途取决于社会改革的程度。

不要把"均贫富"的责任都推给政府，企业家应当主动转型。

要警惕精英阶层的"城堡"心态。

侠客岛-公子无忌：

中产阶层是非常好的观察视角，也很有启发性。之前您在书里写过，中产阶层做大有助于社会稳定，而"做大中产阶层"这个命题本身就包含了对一些社会问题的破解，比如住房、医疗、教育等公共服务。其实这几年我们也知道，在互联网上掌握真正话语权的大部分都是中等收入群体，大家讨论最多的一个社会现象或者说社会心理就是"中产焦虑"。朋友圈里到处是这样的文章。上学学区房，补习班，家长焦虑；一场大病，父母养老，焦虑；要不要孩子，要不要二胎，焦虑。所有的焦虑总会在舆论热点中爆发出来。

郑永年：

以前我写的中国改革"三步走"就是这个道理。经济改革就是发展经济，社会改革就是把中等收入群体保护住，使之有制度基础。现在大家讨论中等收入群体容易掉到低收入群体，就是因为没有制度基础。房价、大病让一家人随时有可能倾家荡产。西方保护中产阶层、维护社会稳定的基础性制度就是教育、医疗、住房。很早以前我就写过，在稳定的国家，这几个带有公共服务性质的领域不应该成为暴富的领域，但中国显然造就了不少的富豪。所以我说的"社会改革"，就是要给中等收入群体营造社会制度基础。

我们如果看今天世界上的发达经济体，会发现它们都经历过从经济高速发展到社会改革的历程。日本、"亚洲四小龙"、西方都是这样。早期资本主义也就是马克思经历的原始积累时代，后期大多经历了"社会主义革命"，就是社会改革。

比如，现在我们看到的"一人一票"，其实是从20世纪70年代开始的，历史不算很长。"一战"前不光妇女没有选举权，交税少的人没有选举权；黑人、少数族裔更不必说了。只有少数有财产的人才有选举权。可以说，西方的民主是由之前的"共和民主"走向现在的一人一票式"大众民主"。共和民主讲权力共享，也就是"精英民主"。经济发展了，中产阶层大了，才有了政治开放，才会产生一人一票的民主。当然，大众民主现在也有很大弊病，但可能也无法回到共和民主去。

社会改革是非常重要的议题，这关系到长远。甚至可以说中国的前途取决于这里。这方面来不得骄傲自满。我 1996 年去的新加坡，1997 年就发生了亚洲金融危机；旁边的印尼，苏哈托政权垮台，这个国家没几天，就丢掉了过去 30 年的发展成就。一个国家的进步很难，倒退起来是非常容易的。可以说，无产阶层增长的速度不知道要比中产阶层增长容易多少倍。

侠客岛-公子无忌：

也可以在其他领域获得观察和佐证。我自己比较关注文艺领域，大家认为中国没有好电影、中国电影粗制滥造，大多数是在赚快钱，不注意质量。事实上如果我们把视线投向东亚经济体，比如韩国，就会发现，其经济高速起飞的时候电影质量也一般，但到 20 世纪 90 年代人均 GDP 到 1 万美元或者 1.5 万美元这个阶段，某种程度上完成阶级跨越之后，影视作品的数量和质量都有迅速提高。

郑永年：

中等收入群体太少，就会产生出来很俗气的内容，反智的容易流行，都是社会阶层情况的反映。

侠客岛–公子无忌：

大家兜里普遍有钱，对审美、精神领域消费品的要求和口味也会提高。

郑永年：

霍布斯鲍姆是很著名的左派，同情共产主

义、同情社会主义。他在书中有过反思：为什么革命来了，我所需要的东西都没有了？很有趣。

侠客岛-公子无忌：

这也符合马斯洛的需求理论。跨越了"生存"这个层面，会生发出更多高层次需求。

郑永年：

对。有需求了就要去改变环境。

侠客岛-独孤九段：

不过中国也很复杂，不同阶层有不同需求。比如为了蓝天白云，可以把北方大城市周边的工厂停掉，再推进"煤改气""煤改电"等。但对于许多普通老百姓来说，他可能不是城市中等收入群体，可能就在农村生活，烧烧散煤，这一冬天就低成本地过去了。照顾了城市中等收入群体的诉求，城市里没了雾霾天，但是农村老百姓可能生活成本一下就上去了，甚至如果执法太粗暴，这一冬天就受冻。这怎么解决呢？

郑永年：

可以看看一些国家的经验。这是多方的责任。

任何社会不可能没有穷人。但不能说你烧煤气，这些穷人还烧煤炉。这样的话在社会层面环境还是会有污染，大家的利益都会受损。西方一些国家还是通过税收调节，要对这些穷人施加帮助、补助，公共取暖、统一取暖应该纳入公民权利的范围。我们当然反对西方把什么都称为权利的片面性，但过冬取暖应该是每一个人都能享受的、很基本的需求和权利。这是政府的责任。发达国家和地区，这是普遍的基础设施。欧洲国家绝对不会允许你烧煤炉的。搞建筑的时候，清洁的取暖设施本身就是建筑的一部分，是这样解决的。

中国的确太大、太分化了，公共服务不均

等我们常说。我经常在农村调研，其实现在农村污染也很厉害。很多"农二代"从城市回到农村，要享受城市的生活水准，但是农村基础设施很差，没有厕所，没有洗澡设备，就自己做。经常看到一个村弄个小煤炉烧，制造出来的其实也是城市垃圾。几十年前，我们在农村生活的时候，可以说是基本"零污染"。这也不能怪农民，是因为没有基础制度的保障。

所以我一直在说要城市化，但不是现在的城市化方向。如果还是现在的方式方法，中国以后可能只会有一个城市或者两个中心城市，以北京或者以上海为中心就可以了。为什么老百姓都往北京、上海跑？因为优质资源都在这边嘛。人性规律决定了肯定要跑到这边来。所有的好学校、好医院、好幼儿园都在这边，谁不来？人心都是肉长的，都要往高处走。

所以我就说，现在中国的城市化，要走"新三线计划"。中国社会发展到现在的阶段，肯定要分散发展。欧洲也一样，从集中到分散。德国城市化率那么高，80% 的居民还生活在 2 万人口以下的小镇。这也是城市化啊，不是超大城市才是现代、才是城市化。我在诺丁汉生活过，英国的前几大城市，但过去一看根本不像城市，就是一个镇，把周边的几十个乡下并过来嘛。当然基础设施很齐全，煤气水电这些东西国家弄好，连成网络。所以我们的城市化要转变思路，不要再走过分集中的路子，不能还是"掠夺式发展"的路子。

还要考虑区域差异。区域之间肯定有差异，上海跟甘肃肯定永远不一样。美国纽约跟内华达肯定也永远不一样。但是基本的公共服务要普及，这就是所谓的"权利"。法国也是中央集权，下面的区域发展也各有各的样子，但是基本的服务是均等的。

侠客岛–独孤九段：

所以政府应该把城市里的一些资源有意识地平衡到乡村去。

郑永年：

　　优质资源一定要分散。哪怕是从极端情况考虑也要这样，比如打起仗来，北京或者上海有一个被轰炸了，那是多大的损失？美国和欧洲这方面就很分散，我们太过于集中了。全世界那么多国家，只有中国的城市有行政级别。发达国家一个"市"，其实承担的事务真的很少，没几个人，就把社会安全什么的做好就行了，所以经常出现20多岁的年轻人当市长，其实没什么了不起。本来就没什么事儿，像个社会组织一样，因为基本的公共服务中央政府已经统一做了。互联网时代，这些基本服务尽量统一，其实是有条件的。

侠客岛-独孤九段：

　　但也有人说资源向大城市集中，本身就是"市场选择"的理性结果，因为可以收益最大、成本尽可能拉低。

郑永年：

这是无政府的市场，不是真正的市场，甚至可以说是"市场原教旨主义"的思想。这种思想当然不成立。真正的市场是要有规则的。我们去看市场学说的鼻祖亚当·斯密会发现，他不仅讨论市场，也讨论政治该起什么作用，还讲道德。我们的一些人就不管这些。

侠客岛-公子无忌：

也要注意中等收入群体的后备力量。作为年轻人，我们也有类似的感受——比如现在刚大学毕业的学生，他进入就业市场、进入城市，跟30年前、20年前、10年前的年轻人都不一样。买不起房，要租房，压力很大；出行、网购，生活的方方面面，可能都会遇到新型的"垄断集团"。根本性的问题是，"个人的原子化"现象比以前还要严重。您之前也说过，就是个人面对资本，面对权力，或者面对这种大的组织和集团，没有保护自己的能力。所以，每当舆论热点出来的时候，比如顺风车杀人案件、互联网企业泄露用户数据、房屋租赁企业的强势，大家的情绪会呈现出一种的宣泄状态。

郑永年：

因为没有保护能力，改变不了自己的处境。为了眼前利益什么都做，真的会产生很坏的结果。年轻人如果觉得社会流动趋于固化、生存困难，社会是会出问题的。为什么说西方的资本家很聪明？我们知道恩格斯比马克思多活了几年，恩格斯当时就批评工人阶级里的"贵族"。现在回看，这是欧洲资本主义的成功之处。马克思主义、社会主义运动风起云涌，要推翻资本；资本家很聪明，就去塑造"工人的贵族"。工人贵族是什么？就是中产阶层，不是以前纯干苦力、被剥削的人。历史上第一波中产阶层是资本家、商人，第二波主力就是产业工人。福特说，"我希望每个人有一辆车"——那个时代家里有车，就是中产阶层。这是他们最成功的地方，这一点我们应该学，干吗不学？要把低收入群体提升成中等收入群体，而不是让中等收入群体再滑落回低收入状态。

侠客岛-公子无忌：

2013 年左右，有一种讨论比较火热，就是把中国社会的发展阶段类比于 100 多年前美国的"进步时代"。"进步时代"的美国社会讨论的重要议题，跟今天的中国确实有很多相似之处，比如美国反腐败、反垄断、食品安全、环境保护等。发达资本主义国家的确走过了历史的道路，比如当年华尔街、美国的金融监管、城市建设体系也曾经非常腐败。没有谁是一开始就完全制度完美、高度文明的。我们认为这种研究还是很必要的。

郑永年：

是这样，日光之下并无新事。许多国家都是这样走过来的，不同时期面对不同问题。当然美国每一任总统都有自己的政策，罗斯福的政策，里根的政策，特朗普的政策；但是一般性、普遍性意义上的社会发展管理，有自己的规律。关于100年前美国的"进步时代"我还要补充的一点是，我们的确看到它的腐败、食品问题，但如果读托克维尔的《论美国的民主》就会发现，经济发展、企业家在其中发挥的作用是很大的。

前面说了，产权方面，国有资本和私有资本都要明确产权保护，但其实资本也要转型。资本不转型不行。在社会改革的意义上，西方从原始资本积累阶段，到后来的福利国家，资本已经转型了许多。我们中国的企业家有没有资本转型？没有，只是转型去研究怎么更赚钱了，是生存的转型，在社会关系上没有转型。中国的企业家要自觉进行转型。

为什么这么说？西方的第一个社会保障制度，是德国俾斯麦时期产生的；美国"进步时代"，资本从无利不逐发展到现在的状态，这些西方发达资本主义国家走过的历史，中国企业家也应当去了解，理解他们的资本是怎么转型的。很可惜的是，我们的自由主义者只是片面强调私有产权保护等维护自身利益的东西，忘记了法治是如何通过改变阶层结构、塑造阶层平衡使得法治成为可能。这方面西方有非常丰富的历史。即使糟糕的时代，也有资本去做了很好的事情。

所以，如果想要在社会层面达到"帕累托最优"的局面，必须是每个人的状况都在好起来，大家整体都在改进，这才有可能。没有哪个国家敢说自己没有穷人，哪怕北欧最富裕国家也不行。大同世界是理想状态。中国更不可能完全做到"均贫富"，不可能做到完全平均的社会。现在比较好的是大规模精准扶贫，当然也出现了很多问题，但这就是社会保底。

从这个角度说，企业家也别光担心自己会"被宰"，要跟政府一起做些事情。我刚才说到的欧洲世界就是这样。一方面，欧洲政府受社会主义革命影响，税收制度、累进税、社会保障制度，是政府所为；同时企业也做了很多。反过来看，我们现在的企业家，有没有塑造"新工人阶级"呢？企业家有没有把自己的员工变成中等收入群体呢？这也是企业的一部分责任。邓小平说的"共同富裕"不只是国家的责任，企业难道没有责任吗？有赚钱的机会，就要承担自己的社会责任。

20世纪80年代，中国很流行马克斯·韦伯的新教伦理理论，我们的企业家从中学了赚钱的方法，但是没学到社会责任。不想被别人宰，就得避免社会全是穷人的局面，就得遵守社会道德，这也是企业责任。美国那么多好大学，很多都是企业家做慈善捐赠的，跟政府有什么关系？中国有没有这样的企业家？我说中国缺少企业家，还是商人阶段，唯利是图的商人。企业家是要改变世界的，这也是责任的一部分。这些东西企业家都可以跟政府沟通，我想政府也不会反对企业家做慈善。

所以，不要老是把"共同富裕"的责任全推给政府，如果是这样就糟糕了。但如果是企业家自己去做，自己去缩小贫富差距，我想这个过程会和平、稳定得多。西方资本早期也唯利是图，但是经过了转型。中国资本也要完成转型，不能老怪社会针对自己。如果阶层分化太大，那受害的不仅仅是政府，资本也会受害——万一社会不满的情绪太高，乱起来，没有人能独善其身。西方的企业在社会组织、社会机构中发挥了多大的作用？我们的企业家在承担什么责任？其实在社会、经济层面，企业有相当多的领域大有可为。

侠客岛-公子无忌：

创造社会阶层之间的弹性、拉平地区间的差异，其实不光对年轻人、对底层需要，对中等收入群体来说也很需要。

郑永年：

　　要警惕之前我说的"城堡社会"的趋势。如果固化的阶层中，享受好处最多的一群人思维不转变怎么办？我以前写"城堡社会"的文章，里面写到为什么房子老改不好、医院总改不好？至少有一个原因就是"特供"系统。如果你去比较社会领域做得好的国家，不会存在这么多特权的。如果我们所有的领导干部，尤其是负责设计这些改革措施的相关部门的人，全都得从市场上买房，或者每个人都得去医院挂号看病，情况会是现在这样吗？食品安全也一样，你不能光管自己食堂里面那一块，对吧？

　　精英阶层不能只住在"城堡"里面，不能把自己关在高墙后头。这样到最后会自己把自己闷死，或者被别人从外头把"城门"攻破。

侠客岛-公子无忌：

　　前面说到"进步时代"。其实"进步时代"一个非常有趣的传说开端是，当时美国作家辛克莱，跟我们今天看到的很多调查记者一样，去屠宰场卧底几个礼拜，把当时很脏乱差的那种食品卫生环境如实记录下来，写成了《屠场》。据说当时美国总统老罗斯福边吃早点边读《屠场》，看到罐头如何制成的那种细节描述，直接吐了一地，因为他当时好像正在吃香肠。据说之后总统就变成了一个终身素食主义者。当然，从这本书，老罗斯福下了大力气，去推动食品安全立法、成立美国食药监局也就是FDA。作者后来开玩笑说："我本想打动公众的心，没想到却击中了他们的胃。"

郑永年：

是这样，至少说明当时罗斯福他们没有特供系统嘛，食物还得去市场上买。

侠客岛–公子无忌：

2018年有一篇轰动中国舆论场的文章，《疫苗之王》。据我的了解，其实作者最初的写作动机，就是因为发现自己的孩子打的也是长生生物这家公司的问题疫苗。其实在当下的社会中，真的很难有谁可以独善其身。

郑永年：

有切身利益当然很重要。所以说，精英阶层不要把自己强行隔离出去，很危险的。不要自以为堡垒很牢固，一旦攻破，很脆弱的。

❻

改革切口何在：

哄抢蛋糕的时代远未到来

全面深化改革要抓主要矛盾。

要直接改变既得利益、虎口夺食很难，更切实的方法是创造更多空间。

中国人均GDP才1万美元左右，距离"亚洲四小龙"都有很大差距，做大蛋糕仍是重中之重。

一个国家富起来不容易，穷下去是很快的！

侠客岛-公子无忌：

改革开放已经 40 多年了。很有意思的现象是，在中国的历史上，尤其是正史里面，"改革"其实大多数时候不算是一个非常正面、褒义的词汇，因为传统史观核心是守常、好古、循环式的观念，以改革著称的人不算多，比如商鞅、王安石、张居正，史书给他们的盖棺定论里也都藏着批驳和暗贬。但现在我们明白了，改革是解决问题得钥匙，有问题就需要改革，中国近代史其实就是一部改革史。改革意味着对现状不满，这是进步的起点。改革也进入了深水区，许多东西不好改、改不动，或者改来改去、容易反复。历史节点肯定不光应该用来纪念过去的时光，更应该从历史中读出经验教训，总结出恒常的、被实践证明行之有效的东西，找到再往前走的方向和道路。就您对中国过去几十年以及当下的观察和思考来说，您觉得处于深水区的中国，下一步改革可能的切口在哪里？毕竟不同的群体都有各自不同的痛感和诉求，

"切口"不仅意味着对病灶的诊断，也意味着可能要拿出来的药方。

郑永年：

要让渡空间。把更多的空间开放给民营企业、开放给社会。深水区的改革，只能通过这种办法。既得利益可以改，但是直接去动这块蛋糕，可能会有阻力，可能会碰得头破血流，难度的确非常大。所以更好的思路是制造更多的空间——互联网就是一个很好的例子。早期的互联网就是从草莽里生长起来的。没人管，也没人注意到，但这是一个无限的创新空间。什么样的经济空间、社会空间是可以创造出来的？互联网就属于经济空间，当然对社会也有影响，但这种经济空间还很多。西方也是。现在中国的社会空间还收得比较紧。其实稍微开一个口子，就会产生不小的社会空间。这种空间不仅可以给年轻人以新的机会，对社会整体也可以创造出动力和希望。在固有的领域中挤压既得利益，基本就是虎口夺食，要克服阻力很困难。

在城市，城市问题要套改，城市中等收入群体就有自己的既得利益。在农村，土地制度改革，基层地方精英就是既得利益。这些人在现有机制下会获得很大利益，改起来不容易。全世界都一样，不光是中国。要消灭、要整治这些既得利益有难度，所以更好的方式是做加法。例如通过税收制度调节，给公民提供基本权利。共产党也是要消灭城乡差别的，但这种历史性的东西一下子消灭很难，可行的方式只能是尽量做到无论城市居民还是农民，提供基本权利、均等公共服务。做加法比做减法要好。

侠客岛-公子无忌：

改革开放的初期我们有学习对象。开始是匈牙利、南斯拉夫的模式，我们研究了很多；之后我们学新加坡、学中国香港，把官员送去培训，以及学习土地开发、房地产等经验。当然，早期百废待兴的时候，随便找个突破口都可以切进去，现在困难就会更多。

郑永年：

是这样。邓小平当年出访，先访问东南亚、新加坡，再去美国。1992年南方谈话以后，他又提出来向新加坡学习。为什么？因为他看到新加坡完全是个华人国家，但像他说的，新加坡做得很好，经济发展得好，社会管理也很好，"我们要弄得更好"。邓小平当时确实觉得这有可能实现。

我在新加坡看了一些资料，发现当年李光耀的话给了邓小平很大刺激。李光耀跟他讲，新加坡华人都是福建、广东苦力的后代，是中国"边缘地带"移民过来的，新加坡靠着这些苦力的后代都能发展起来，中国人才那么多、精英后代那么多，怎么就发展不起来？所以邓小平在新加坡看到了改革开放的模板。现在看，邓小平的一些措施很大程度上受到新加坡的影响。比如他去了新加坡裕廊工业区，那是亚洲最早成立的开发区，邓小平在那里看到了沿海经济开发区的模式。当时是新加坡政治元老、副总理吴庆瑞陪同他。邓小平还邀请吴庆瑞退休之后做中国政府的顾问。20 世纪 80 年代改革，中国政府有不少外国专家、企业家担任顾问，吴庆瑞在沿海开发与旅游方面提供咨询建议。吴庆瑞到中国，谷牧副总理负责接待，因为谷牧负责的就是沿海经济特区。所以，中国的改革开放，其实是有外部模板的。

侠客岛-公子无忌：

这些早年的学习对象现在也遇到不同程度的内部问题。西方不用说，国际金融危机以来越来越受到社会、种族、意识形态上的内部困扰；我们学习的东亚经济体，比如中国香港，就我们的观察而言，也面临着阶层固化、产业升级困难、年轻人社会流动渠道阻塞、金融和房地产等形成食利阶层的问题。内部讨论时，我也跟同事们说，内地要警惕"香港化"。

郑永年：

年轻人受了教育但没有工作，或者有工作但工资不高，买房无望，处处觉得自己被压迫，走上街头就是最方便的事情。香港、台湾都是这样。但即便是香港，政府也一直在致力于提供更多公共住房，虽然进度比较慢。我记得内地各地政府在公共住房的提供目标上，比例比较高的也就是 20% 左右，香港的目标已经是50%。即便是 50% 还造成今天的社会政治困境，内地更应该警惕。我们年轻人现在还可以啃老，几个钱包、几代人一起买房，以后呢？当然，未来的一大变量可能是人口下降，如果降得够多，房子当然会空出来。但这对国家而言又是一大不幸，像日本那样的，乡下的房子都成了鬼楼，没人住，对国家经济、社会发展又有其他负面影响。

侠客岛-公子无忌:

　　说到人口,改革开放相当大的经济贡献,城市化也好,外贸也好,中国制造也好,无数的农民工、打工者作出了巨大贡献,所谓"人口红利"。但现在明显已经到了拐点。不说劳动力市场,简单看生育数据也会觉得拐点来临。比如北京过去十年间参加高考的学生数量,降了整整一半。老龄化的社会来了,人口中的代际比例结构也在更迭。新的世代一定跟以前不一样,一定会有更明确的权利意识、规则意识。有不少这样的纪录片,第二代打工者和他们的父辈、也就是第一代打工者相比,心态、生活状态、社会处境已经完全不同。

郑永年:

　　全世界都类似。欧洲现在那么多穆斯林移民,其实第一代移民去了,大多数老老实实干活;第二代就不一样。第一代只是维权,要工资。第二代,如果你不提供就业,农村又回不去，可能就有社会问题。

美国也焦虑。中产阶层比例从 71% 直降下来，现在 50% 都不到，中产阶层压力非常大，所以才选出特朗普。如果中产阶层壮大，社会不会革命的。革自己的命干什么？这方面穷人可能前后对比不强烈。穷人一旦被动员起来，革命就趋向暴力化。为什么西方要花大力气围堵马克思主义？就是这个道理，他们认为马克思是宣扬暴力革命的。法国革命时，英国的思想家，比如伯克就旗帜鲜明地反对了，因为英国中产阶层比例大。人性都一样，想想看就明白道理。

我上次看到一个数据，说中国现在差不多有 5 亿多人口，月工资还不到 1000 元人民币，当然这里面老人、小孩其实也不少。1000 元钱，生活水平可想而知。我们现在搞脱贫，这里面还有一个标准问题。按照官方标准，贫困人口如果定在每天的生活费 1.25 美元以下，全国有7000 万人；如果这个标准提高，数字肯定还会增加。所以中国的贫穷底盘还相当大。精准扶贫的对象想的是"绝对贫困"者，但别忘了还有"相对贫困"的概念。就是托克维尔说的，假设我生活也不错，但是社会贫富分化太大，个人又接受了教育，对事物的看法就会很不一样。

侠客岛-独孤九段：

不患寡而患不均。舆论场里讨论过"隐形贫困人口"，就是城市的很多年轻人，觉得自己好像工资拿得也不算少，月收入几千块钱，但房租花掉、吃吃喝喝，七七八八下来，一个月啥都没剩下。这种"隐形贫困人口"的提法当然不是严谨学术意义上的，也有人把自己说成"新低收入群体"。

郑永年：

大家现在说自己是"佛系青年"，对吧？

侠客岛-公子无忌：

日本的 NHK 在中国拍了部纪录片，叫《日结 1500 日元的年轻人》，也就是日薪 100—150 元人民币。拍的是深圳那边的年轻人，真正"佛系"到不同境界。这些人大多是打工二代，从小就是留守儿童，每天在劳务市场周围游荡；深圳所有大工厂基本都干过，富士康、三星，都去过。后来就厌倦了，不愿打长工，只打散工，做日结，是挣一天钱玩三天。住的大多是集体旅馆，农改房，20 平方米睡 30 个人；网吧一小时一块钱，通宵十块钱。没钱就去睡大街、睡公园。这些被称为"三和大神"的年轻人"佛"到什么程度呢？有所谓的"大神三件套"：四块钱一碗的清汤面，两块钱一升的"大水"，五毛钱一根的"红双喜"散烟——已经没钱买整包，只能一根根地买。对着镜头，一个年轻人就说，你吃山珍海味也是吃，我吃四块钱的"挂 b 面"也是吃；你住洋房别墅也是住，我睡大街也是住。真正"齐物论"了。

郑永年：

　　其实是蛮危险的社会现象。日本就是这样，差不多有 500 万年轻人过着"无性生活"，一点不感兴趣，特别"佛系"，也觉得生活没什么希望。日本政府花了多少的精力去鼓励也很难改变。日本生育率现在全球倒数。日本也有不少这种打零工的，从野田佳彦时期开始的，在那之前是终身劳动雇佣制。后来日本学西方，零工也可以，也合法了。以前公司不雇零工，这是政策的产物。

侠客岛-公子无忌：

　　机会很重要。现在很多东西难改，像您刚才说的，民企投资空间少，房市楼市，很多人觉得没机会。机会在哪？更有希望的切入点、破局的口子在哪儿？

郑永年：

　　的确面临着许多具体问题，但总体而言，

改革的方向是，一定要使这个社会每一个人感觉到自己是不被抛弃的。无论富裕也好，不那么富裕也罢，都对这个社会负有一份责任。如果一个社会里每个人都失去责任感，就完蛋了。现在大家有些抱怨，比如环境不好，机会不够，等等。的确如此。所以西方的保守主义不强调结果平等，强调机会的平等。保守主义讲社会政策要讲基本权利，就是强调基本条件、基本机会。你也从联邦政府享受那么多权利，我也享受那么多，剩下的机会就要自己去争取，不能怪政府了。新加坡也是，80%的人住公共住房，占总人口10%多的富人就没有资格买公共住房。不是买不起，是没有资格。这样大家就会觉得很公平，有公平感。教育也是这样。因为富人不需要政府提供太多公共服务，对不对？中产和穷人需要。基本服务国家提供再多也没有富人自己可以购买的多，对吧？

所以国家的责任是什么？李光耀说，不要空讲民族主义、爱国主义。如果每个公民没什么好担心的，肯定爱国嘛。如果"居者有其屋"普遍实现了，爱国主义自然就有了。新加坡早期公共住房也是把房子出租给民众，但是住了两三年之后，李光耀去看，就问，老百姓为什么不好好保护这个房子呢？墙壁脱落，这边缺东西，那边脏。他就开始想，如果公共住房私有化会怎样？实践证明，大家买了公共住房，是自己的了，就开始保护房子了。其实也很好理解：如果这个房子我只能住五年，之后就搬走了，干吗要费劲爱护这个房子？使劲做饭嘛，油烟什么也不在乎。现在就很有意思，新加坡人都不怎么在家做饭，宁愿到楼下去吃，屋子里油烟少一点，屋里的环境还能保持。所以说，还是按照人性来设计制度比较好，不能按照空想设计制度。

侠客岛-公子无忌：

以前读您的《重建中国社会》，会有非常深的"切肤痛感"。之前您说中等收入群体对一个国家、一个社会的稳定，是很长远的事。其实这些也都是大家直接关心的话题，大家都关注自己的生活有没有变化，住房、教育、医疗以及公平正义，不抽象，都是具象的。如果可以在住房、教育、医疗、养老等民生议题上真的找到突破口，我想对中国的未来发展的稳定性、或者说推动性可能会更强，大家获得感也更强。

郑永年：

那当然。房市和股市，我听别人说笑话，"房子是用来炒的，股市是用来住的"。其实这是相关的。如果股市不行，房市肯定也不好。改革开放 40 多年，资本积累到一定程度，虽然中等收入群体比较小，但也有 30% 左右了；这些人的钱都去哪里了呢？现在都在房市。一去房市，对社会破坏太厉害。穷人还能买得起房吗？不啃老啃谁？西方一两百年走到现在的房地产价格，中国 20 年就走完了。别人 150 年发展到现在的程度，那是几代人？20 年是几代人？

就是这个道理。哪个国家的医疗、教育、公共住房爆发问题，哪个国家的社会就不稳定。这是一定的，百分百。因为这都是人们最基本的需求，在中国却过分商业化、资本化了。

反过来讲，要做好房市，前提是把股市做起来。如果股市起不来，钱还是流向房市，怎么压都没用的。为什么股市做不起来？还是对未来没信心，不想投向经济领域，觉得房子是实体，拿着还能抵御通货膨胀。你不能说他们错，买房的人有自己的理性。而要把钱导向股市，最重要的前提就是让投资者对未来有信心，要有前面我们聊的法治，能保护他们的财产。

还有一点，就是现在的投资空间还不够，这方面有缺陷，但我们没有好好反思。讨论国企改革、"国进民退"，一个问题被忽视了：国有企业占用了太多的经济空间。以前有政策说民企可以投资军工领域，落实了吗？国有企业要控制命脉、控制关键领域，这没问题，但必须让渡更多的空间让民营企业投资。如果国内不给空间，民营资本就要"走出去"，资本流到外面又反过来对国内不利。所以要想想看，为什么会出现资本外流的现象，源头还是在国内。另外，现在也没有规定哪些空间民营企业不可以做。按理说"法无禁止皆可为"，法律没有规定不能做的都可以做，但现实也没实现。我们都意识到这一点，但是没有把它归整起来，也没有落实下去。一旦民企境况不好，国家的税基也就小了，所以"民退"之后就还有"国退"。

要总结经验教训。不说40多年里的每件事，就连2008年的"4万亿"，美国的总结就比我们自己的总结深刻得多。"4万亿"对中国产业结构的破坏性在哪里？我们作为当事人反而不琢磨，还没别人总结得好。别人会发现，十年过去了，你的经济运行模式其实没什么变化，一旦发生危机，钱还是流向"铁公基"，流向国有企业，破坏经济结构，没有流向民营企业。以前苏联不就是这样吗？外在压力增强，国民经济就军事化了。中国"军转民"喊了那么多年了，不能最后发现是"军转国企"。

所以，归结起来说，如果股市不好，房价永远整治不好。我不是经济学家，但我的观察是这么多年房价一直反复上涨，道理就在这里。股市反反复复，大家都对未来不确定，所以又走向房市，因为房子本身太能赚钱了。房价可以用房产税、印花税、遗产税控制，但那是另一个层面的问题；如果股市、投资空间不开放，房价永远搞不好。我们的经济学家都在讲大道理，反而没有把眼前老百姓的实际问题搞清楚。

中国需要全面深化改革，找到突破口，尤其是具有广泛影响的突破口特别重要，因为会形成广泛的示范效应。当年邓小平专门把"傻子瓜子"拿出来讲，为什么？不过就是一个小的民营企业，但是讲了大家就懂了。当年农村改革、城市改革，都是从具体而微的突破口开始的。医疗、住房、教育难题一下子全都干掉不可能，动一个就是非常好的事情啊。千万不能错误地理解全面深化改革。"全面深化"要抓主要矛盾，伤其十指不如断其一指，大家都学过辩证法。

所以要好好梳理下40多年的改革遗产。不光是有多少成就，多少问题，更重要的是梳理出来过去走了哪些弯路、怎么避免再走弯路，哪些好的经验是可以坚持的。实际上就是从哪里来、走到哪了、往哪儿走的问题。不能光从口号上说"道路"和"模式"，这个道路到底什么样？要弄清楚。

侠客岛-公子无忌：

所以说，其实在您看来，应该是把做大做强中等收入群体或者社会改革这一块更多地放入议事日程？

郑永年：

经济发展是第一位，但同步的社会改革不能停步，一定要提上议程。我觉得比较遗憾的是，以前我们已经开展了这方面的工作，社保、低保的整体网络都建起来了，但是推进不够。

房改、医改、教改，越改越乱，不仅没有减轻，可能更重了。这是很危险的，各国都有经验。

这些问题是谁的责任呢？谁应该负责解决？企业肯定不是解决问题的主体。刚才也说企业家确实在做好多事情，慈善、教育、医疗，像比尔·盖茨这样的。但光靠资本解决不了整个社会的问题。要解决整个社会的问题只能通过政府作用。现在西方面临的问题就是，怎么建立有效的政府？他们没有有效的政府，就像福山说的，陷入互相否决的循环。这就是悖论。

所以现在西方出现大规模的民粹主义思潮也是可以理解的——因为通过惯常的政治运行方式组织不了有效政府。像特朗普这样依靠民粹思潮上台之后，很多政策不通过政府组织议程，很多事情直接去做，跳过议会，对制度破坏也很厉害。这是西方的问题。而且他们的福利政策也过度了，"养惯了"，再改成"政府不养你了"就很难，所以还得继续养下去。但钱哪来呢？以前政府有经济主权的时候，可以向资本征税；全球化之后，如果向资本征税，资本、富人就跑了。像以前的法国总理一上来就搞征税，巴黎的富人就都跑到伦敦去了。资本可以流动，所以加高税很难，那征谁的税呢？就征中中产阶层的税，穷人没得征嘛。中产阶层本来就负担重，还要被压迫。西方社会现在陷入动荡，根源道理就是这样。所以他们得做出基础性、本质性的改变，说实话怎么改我也不知道，因为不光是经济失衡，而是经济和政治都失衡，面临制度性危机。欧洲现在有很多零星的、理想化的措施提出来，比如一人发一份工资，等等，但实现起来很有难度。这涉及下一步西方如何转型的问题，核心就是怎么消化大众民主、一人一票制度之下的造成的党争局面，但无论如何，民粹主义肯定不是解决方法，对建立有效政府没什么帮助。

侠客岛-独孤九段：

否定型政党，互相搞"拳击赛"，打擂台，

围观者基本就是看戏心态。

郑永年：

互相否决个不停，各种政治僵局。近代之后，在共和民主的年代，有所谓"忠诚反对党"的说法，现在的反对派哪还有"忠诚"可言？为反对而反对。台湾也是这样。这就非常麻烦，该干的事情都干不下去。所以我一直在想，一党制如果搞得好，"开放的一党制"绝对不会比"互相否决型"政制差。当然这也需要过程。

其实，中国传统政治里面有很多好制度。比如统治阶层里面，只有皇帝一个位置能继承，王公之类的每一代传下去都要爵位降级。宰相、侯爵什么的，除了长子，几代以后就没有继承权了，这都是制度规定好的。如果所有的统治阶层成员都原封不动地继承官位爵位，那就是欧洲当年的贵族政治，贵族规模只会越来越庞大。所以中国的这种设计就控制了总体的贵族人数规模。科举制是设计了阶层向上流动的方式，这种继承某种程度上是在"向下流动"。这是很巧妙的设计。这些东西我们要不要学呢？传统资源里的一些智慧，可能比现在西方的制度更有效。

侠客岛–公子无忌：

您在《重建中国社会》中说到，要培育社会力量，很多事情可以让社会来做。其实中国以前有很多组织，比如群团，革命战争年代这些组织也曾发挥巨大的作用。今天当然一些组织官僚化了，或者空转的多，失去了原有联系群众、服务群众、动员群众的能力。为什么会这样？

郑永年：

革命时是动员机制，建设时期如果不转型，就会成为治理的负担，作用虚化。社会学家涂尔干曾经在说，为什么西方社会出现那么多的社会组织？因为进入现代社会之后，宗教没用了，家庭没用了，国家也不可能事无巨细地负担，负担不起。所以就只好靠行会、靠专业组织。其实，在中国的舆论场中，"市民社会"等词汇及其代表的社会现实，无论左派右派，都把它们"政治化"了，变成非常具有意识形态色彩的词汇，其实不是这样的。当时法国经济在转型，争论也高度意识形态化，但其就清晰提出，不要用意识形态去分析，把这些东西作为社会事务去分析，不要意识形态化，才能看得清楚。这是涂尔干的大贡献，让人们看清楚社会进展的轨迹。社会进化的形态其实是很相似的。

侠客岛-公子无忌:

所以无论是您前面说做大中等收入群体，以及说到创造更多的空间、改革要从做加法开始，其实都是一个结论：当下的中国还是要更多地思考如何把蛋糕做得更大。我们还远远没有到只争论如何分蛋糕的阶段，应该有这个共识，是这个意思吧?

郑永年:

想想看,中国大陆现在人均 GDP 连 1 万美金都不到。这么大的人口基数,即便按照现在的速度发展到 2035 年,人均 GDP 依然会排在"亚洲四小龙"后头,在东亚先进经济体里面还是垫底。台湾地区现在人均超过 2.5 万美元,我们努努力,2020 年差不多 10000—12000 美元,接下去经济怎么走?很艰巨的啊,人均 1 万多美元的差距再怎么拉近?相当于总量到时候还得再翻一倍,很难的啊,因为不可能再那么高速了。所以现在还远远不到斗来斗去的阶段。蛋糕还有无限的空间可以做,现在大家就哄抢,那怎么行?

前面聊到,一个国家富起来不容易,穷下去很快的。现在中国的经济体量尽管大,世界第二,但是人口多啊,现在就分蛋糕,分不了多少的。真的进入那种阶段,现在手里有蛋糕的人就跑到国外去了。不是已经那么多移民了吗？富人才能移。你以为自己能抢到多少？还不是平民之间的争斗。所以，关键问题是要把有蛋糕的人留住、把能做大蛋糕的人留住。让这些人继续做蛋糕，普通人还能继续分到；做蛋糕的人提着蛋糕走了，就又是以前的老路。

很多年前我就说过，一个国家两样东西最重要，也是最容易走的：财富与知识（人才）。一个国家，人才跟财富流走了，还剩下什么呢？有两样东西是不会走的：权力、贫穷，因为别人不会要。别人不会让你当总统、部长的嘛，所以权力走不了。贫困也走不了，除非像中东这样去非法移民，也很惨的。当一个国家没有财富、知识、人才，只剩下权力跟贫困，想想看，那是什么样的社会啊？我很多年以前就这么说。

侠客岛-公子无忌：

可能当时大家还没有普遍体会到财富和知识外流的感觉。

郑永年：

我是体验过、观察过的。1990 年我去普林斯顿读书，之后没多久柏林墙就拆掉了，又过了没多久苏联垮了。舆论场起哄是一回事，网上大家吵来吵去有什么用呢？革命永远是穷人间的，富人都走掉了。

要关注财富流失的状况。实际上不能光说经济的宏观数据。改革开放以来，中国基本都是两位数增长，近些年低点，对吧？那到现在，积累了多少财富，是可以算得出来的嘛。"亚洲四小龙"从起步到发达，在财富没外逃的正常情况下，发展了 20 多年，中产阶层比例达到了70%；我们也就是 30% 都不到。财富积累了，中等收入群体没多大，贫困人口还多，那这些财富都去哪儿了？可以算的嘛。

❼

舆论场里的多元思潮：

民族主义与未来社会

————————————————

　　我们今天需要什么样的民族主义？

　　互联网提供了赋权，但要警惕它变成反智的工具。

侠客岛-公子无忌：

　　刚才咱们说到一些东亚经济体；其实中国的香港、台湾地区也好，新加坡也好，您刚才说到早期罗马消亡之后的城邦国家也好，共同点在于，这些经济体的地域规模都很小，跟中国大陆的复杂性没法相提并论。其实像中国这样说地区差异巨大、人口还这么多的国家，放眼世界，确实也没有类似且已经完成现代化转型的典型"样板"。中国的路只有自己去走，自己去蹚；西方一些舆论里面，包括您前面提到的美国精英为代表的心态就是，不知道中国向何处去。我们会变成什么样子，他们其实也不清楚。2018年美国副总统彭斯一番话在中国舆论场上引起了巨大的反弹，讲话中有许多的历史事实错误，当然另一方面反映出美国的心态，就是对中国的想象。如他所言，几十年之后，中国跟他们越来越不一样了。

郑永年：

是的，当中国站在世界舞台中心的时候，别人发现你那么不一样，想法肯定就变了。别说20世纪80年代以来，整个现代，从五四运动开始，"政治民主化""经济自由化"两个口号，中国的民众是很熟悉的。从晚清到孙中山，中国精英曾经也相信西方的道路走得通，可以学日本或者英国，君主立宪也好，议会路线，都试过很多。但是历史证明，这些路子都失败了。历史是这么走过来的，不是某个人或者某一群人刻意制造出来的。时势造英雄，没有这样的历史环境，也不会出现这样的局面。其实仔细分析的话，我们前面说，日本这样的国家，其实是把自己"假装成西方"，本质上不是真西方；他们自己的东西保持得相当好。中国也一样，不仅没变成西方，还越来越中国了。这是不可避免的，毕竟我们是大国。但这不重要，主要因为西方并不真正认识中国。

同样，在阐述中国方面，我们自己也没有

做得很好。美国从来没有面对像中国这样的国家。此前美国面对的战略对手都是西方国家，"一战""二战"时期就是。后来的苏联不太一样，双方没什么经贸关系，只有核武器对峙、军备竞赛。但是中国现在不一样，美国也不知道怎么对付中国。中国的确差异性太大，收入差异、沿海内地分化、就连饮食习惯都不一样，有的吃辣椒有的不吃辣椒，有的爱吃甜有的爱吃咸，好像欧洲大陆那么多元。看不清楚当然就担忧。但实际上中国很难一刀切，任何政策都不可能一刀切。"美国"也是一个相对概念。

侠客岛-公子无忌：

我记得有一篇文章说，美国的代表团与中国智库交流，说了一句话：be humble，你们要谦逊。这似乎体现出两边社会心态的不同：一方是处在食物链顶端的美国霸主，另一方则是逐渐成长起来，并且本身就有着悠久大国情结的后发国家。您之前写过中国的民族主义复兴。如果观察 2018 年围绕中美贸易摩擦的讨论会发现，在贸易摩擦初期，民族主义声音比较旺盛，在中兴事件、几轮交锋之后，相对温和克制的声音则比较多。您以前在书中写道，民族主义是动员的有效手段，但要区分是否有意识地去动员这种社会心态。

郑永年：

从历史上看，民族主义不是一个偏见性的坏词，它是民族竞争的产物。民族主义在西方也是近代产物。正因为历史上没有民族主义，所以蒙古族也能统治中原，满族也能入主，当然那是历史上，现在都已经融合成大中华民族。每个国家都一定要有民族主义，没有民族主义就没有民族国家。

同时出现的问题是，要什么样的民族主义。中国的民族主义比较多的还是"反应性"的。义和团式排外的是民族主义；虽然邓小平也说他是民族主义者，"我是中国人民的儿子"，但这种民族主义跟前者不同。中国的民族主义可以细分为很多种，有文化主义式的，有纯排外的，甚至有些很奇怪的也以民族主义为理由的行为。当年汉奸汪精卫投靠日本，但他却说可以曲线救国，至少说辞是这样。所以民族主义有很多种，有民族主义也很正常，关键看我们如何去塑造，塑造成哪一类民族主义。尤其是爱国主义，我觉得很重要，现在可能不是太过，而是不够。

20世纪80年代到2008年国际金融危机是自由主义高涨的时代。现在西方民族主义也兴起了，我们前面谈过，民粹的白人民族主义，甚至结合了种族主义，在美国，在欧洲都有。作为反应性的民族主义力量很强大，所以有怎么管控、怎么引导的问题。要承认民族主义是必要的，但是要看塑造成什么样。这是中国面临的问题。"理性民族主义"说起来简单，但民族主义一旦被煽动起来很难理性，肯定会情绪化，这是不可避免的。所以我们需要民族主义，但是如果有意识地要去操纵，会很危险。

最近这几年我的观察是，执政党要超越阶层，在既得利益之间互相平衡；社会意识形态也是一样。中国现在除主流意识形态外，其他社会意识形态如民族主义、自由主义、文化主义等，什么都有。但是这种状态需要平衡，不能失衡。所以为什么"民营企业任务已经完成"的言论一出来大家会紧张，背后是觉得社会意识形态可能本来已经有些失衡。社会意识形态跟社会利益连在一起，不会平白无故出现"没有利益的主义"。社会利益多元，所以社会意识形态也应当多元。

作为世界第一大党，中国共产党马上要迎来属于自己的"第二个一百年"了。我们需要考虑的是，进入第二个一百年，就会面临意识形态如何塑造的问题。有没有可能塑造一个国家意识形态？有没有可能更多元？可以考虑。我们现在在社会意识形态上是比较"机会主义"的。需要孔子，就造个孔子像摆出来；有人抗议了，就再收起来，这就很机会主义嘛。我开玩笑说，什么主义都造个像，底下装上轮子，可以随时推出来推进去。机会主义是因为没有明确的主义。

对整体国家来说，没意识形态怎么统治呢？国家统治需要两面，组织和意识形态。意识形态起不到柔性作用，就只能靠组织的硬力量。这是很大的问题，不仅我们前面聊到的民族主义，更关键的是社会意识形态如何管理和塑造。

经济快速增长时可能大家也不是太在意意识形态之争，会超然一点。其实大部分这种争论没有什么行动层面的意义，自由派说几句，左派说几句，极左极右也好，不要诉诸行动就算了。要给争论以一些空间，一点空间都没有是不正常的。其实"右"，没什么广大的社会基础。邓小平当年说反右、防"左"，主要是防"左"，因为"左"有社会基础。没有社会基础，几个知识分子有什么用？所以右派早年叫清议馆。

侠客岛–独孤九段：

　　但无论"左"右，一旦掌握了舆论工具，也就会具有一定动员力。我们看现今的中国舆论场，很多意识形态的争论，甚至一些社会问题的争议背后都隐约有"左"右的意味。

侠客岛–公子无忌：

　　的确，跟以前相比，如今有一个非常大的变量：互联网。您刚才说到地缘政治里，网络信息改变了研究触角；其实在中国社会发展过程中也一样。互联网造就了大量新贵、巨头、企业家、商人，同样也给政治、给社会治理以新维度。互联网里面人们可以组织起来，可以动员起来，甚至是"串联"起来。同样，互联网可以赋权，给大家一种虚幻或真实的权力，比如社会议题设置、发声机制，都打破了以往的社会权力结构；但一样，也给治理带来更多的技术便利。所以，下一个 10 年、下一个 20 年，在政治力量、政治结构组织形式的变动上，互联网会给中国会带来何种挑战与机遇?

郑永年:

我实际上还是坚持"技术赋权"的观点。互联网是工具,政府可以用,民间可以用,资本也可以用。现在社交媒体,越来越多的人可以用,也对政治产生了或多或少的影响,不光中国这样,美国、欧洲也是。

但其实,互联网能对社会产生怎样的实质性影响,在我看来,最终还是取决于阶层结构的力量对比。阶层结构如果过分失衡了,再怎么管控也没用的,对不对?前面说到,阶层结构比较平衡、中等收入群体壮大,社会就稳定。毕竟互联网的确给了人们各种表达意见和言论的途径,大家都有更多的途径表达自己。互联网是工具,它速度更快、更有效,无论对于组织动员还是对于管控,都更有效率。但我们可以做个简单的假设:假设社会上中等收入群体有70%,我要管控的可能就是30%,相对容易,成本也能承担；但如果社会上 70%、80% 都是穷人，都对这个社会满腹牢骚，要用 20% 的力量去管制这么大的多数，不可能，成本也高，不可持续。道理很简单。所以看这个问题，还是可以用我们前面探讨阶层的视角。

历史就是这样。你去看"颜色革命"，大家分析的时候都会说，年轻人失业率过高、经济崩溃，才是动员的最直接因素，对吧？还是因为阶层因素。想想邓小平当年的判断：苏联、东欧为什么会在一夜之间发生变化？经济垮了。政治还是表象，当年苏联也搞选举，苏共还有 98% 的支持率呢，有什么用？罗马尼亚的齐奥塞斯库也搞投票，也是这么高支持率，有什么用吗？被民众堵在街上，就地枪决。所以邓小平的话很有道理，他说那边的共产党垮台就是因为没有能力发展经济嘛，还是无产占大多数，对不对？这些所谓的共产主义集团是被自己打败的，不是被西方打败的。我最近在看一些研究资料，苏联集团、东欧集团，除了苏联的核武器拿得出手，还有哪个国家有什么可以称得上"品牌"的产品？没有。军事上有，但这跟老百姓关系不大，生活中用不着导弹；跟老百姓生活相关的品牌，没有。这是人类永远不变的需求啊。

你前面提到自媒体，作为传播平台，方式革命的意义很大。社交媒体出现后，本来可以作为知识传播的有效工具，拉平鸿沟。但很可惜，现在很多时候自媒体变成了反智的工具，乱七八糟，什么形式都有。从这个角度说，我觉得"侠客岛"确实非常成功，抵制了这一现象，并把很严肃的话题，把非常政治化、非常硬的内容，转化成普通的语言，让普通人能读懂，转化成了可读的、有效的知识传播工具。这一点非常成功，你们也应该继续。你看班农下台了，但他的网站就非常成功。Facebook 作为最大的社交媒体也非常成功，当然也做了很多坏事，比如剑桥泄露用户信息，大家都去声讨，但不要忽视它的威力。开放国家有选举，社交媒体就可以去干预选举，像马来西亚、印尼等，只要有选举就可以用社交媒体去干预。你不用没问题，有道德的制约，但影响是相互的。没有普遍选举的情况下别人如何影响你，有选举情况下又怎么影响，这是研究的一部分，可以探索，但不要反智。技术赋权本来是让我们能力更强，但如果反智成为潮流，反而会弱化能力，让我们变成愚昧者。这种趋势要警惕。

现在的好多技术在进步，中国技术进步也非常快。现在一方面资本培养技术，另一方面资本杀死技术。我做技术，你要挑战我了，我就买断，买断后不是我用，而是废掉。可能以后这世界一部分人越来越聪明，另一部分人越来越笨。这部分人不用思考，整天看网络上的东西，吃外卖，对吧？有可能成为一个"羊圈社会"，把这些人养起来，工作用 AI，苦力你也不用做了。其实资本主义社会已经出现了这种形态。加拿大现在毒品都合法化了；美国的麦当劳卖的东西越来越大，可乐随便你喝几杯都可以，算一杯的钱；你们吃得胖胖的，不要抗议就行，养着就算了。

侠客岛-公子无忌：

特别有未来感、科幻感的画面，"羊圈社会人"。现在有个词叫"信息茧房"，大家都说大数据、精准推送、算法嘛，像头条这样的APP，用的时间长了，你喜欢看什么，我就一直给你看，久而久之，就像茧房一样把自己围起来，你看不到其他的。

郑永年：

围起来，眼光越来越没有，反正也获得了一些喜欢的东西。我今天自己不知道要做什么，技术早就知道。我最近看元朝有一本书讲"养民"，就是"牧民社会"，核心意思就是把老百姓养起来就是了。基督教里面牧师是"shepherd"，也是牧司嘛，老百姓是羊。很多的福利社会就这样。

侠客岛-独孤九段：

美国社会是不是已经出现这种状态了？上次美国有个电视台街头采访民众，拿个世界地图让他指朝鲜在哪，没有一个人答对，指哪儿都有，有的指南极，有的人指加拿大，有的人指美国本土，就是不知道朝鲜在哪儿。在中国，你去采访，随便一个出租车司机都跟你聊半天国际局势。

郑永年：

特朗普和金正恩在新加坡会面，结果刚开始美国发布的那个声明里面，居然把新加坡当成是马来西亚的一部分。这还是马来西亚发现的，跑去跟美国人指出来，说新加坡早就独立了。

侠客岛-独孤九段：

现在中国可能还不到福利社会那种阶段，大家至少还有"捅破茧房"的欲望，有一种改变个人命运的期待。

郑永年：

因为我们还是差异非常大的社会。所以我说中国的企业家很悲哀，还停留在商人的阶段。企业家不仅要追求自己成功，也要改造世界，对吧？近代以来资本主义演进，资本从原始资本主义到福利资本主义，很有效，通过政府起了作用。累进税、社会保障这一套东西是政府做的，挽救了资本主义。中国企业家只是抱怨世界。环保、社会、教育，那么多公益性的事业都可以做。资本最重要的就是稳定的社会环境。

侠客岛-公子无忌：

您此前说到思潮像钟摆，在自由主义和民粹主义、民族主义、保守主义之间摆动。确实是这样。其实很多国际问题最后归根结底是国内问题，比如美国的中产阶层的缩小，贫富差距的扩大，等等。当然，他们的国内问题当今正好是找到中国这个靶子，对吧？以前可能是日本、苏联，现在是中国。

郑永年：

是的，要去平衡。社会需要平衡。毛泽东时代有《论十大关系》，后来有十二大关系，现在我觉得也需要重新论述，可能是二十大关系，也可能不是。但有清晰论述，会对中国当下的社会力量对比、矛盾主次有更清楚的认识。社会领域、经济领域、国际关系领域，好好梳理一下，搞清楚从哪里来、到哪里去。中国哲学经典要素也是平衡，对不对？西方也一样，一旦失衡就麻烦。这是普适性，要搞平衡哲学。中庸不是两面派，是说力量的平衡，这很重要。

第三编

执政

开放型政党：

绩效合法性与科学决策

在东亚文化里，"发展合法性"远比"选举合法性"更重要。

决策要科学，必须把政策决策与政策研究分开。

侠客岛-公子无忌：

　　您是政治学出身，我们想聊聊政治层面的议题。中国核心命题之一就是执政党。中国共产党往哪去，怎么走，关系到国运和民族命脉，世界也都很关注。我们不妨先从宏观问题开始——之前读邹谠先生的书、读您的书，都提到现代社会所谓"绩效合法性"的问题。在您看来，未来这种"绩效合法性"的模式还会继续维持下去吗？或者说会发生某种程度的转变？

郑永年：

　　合法性来源并不是单一的。刚才我们聊到西方的"精英民主"，那时虽然是少数人的选举，但也包含发展经济的部分。发展经济也是合法性的一部分。西方第一套社会保障制度是德国俾斯麦时代产生的，很难想象吧？教科书里俾斯麦是"铁血"的代名词。那时工人没有选举权，但政府其实也是从今天我们称之为"治理"的角度去统治的。今天一人一票的民主，表面看，好像合法性来源就是选票的数量，但实际上经济影响是决定性的。经济好，民主也好，专制也好，甚至宗教人权政治也好，大家的生活都可以；经济一坏，政府走马灯似的换来换去，哪一个制度都会有毛病。经济不好，你哪怕拿到百分之六七十的选票，也会出问题。希特勒怎么上台的呢？大众民主也是当时经济危机的产物。历史就是如此。

所以，所谓单一的合法性来源，只存在于哲学层面、理论层面，实际上不存在。中国的皇权也一样，也是多方面的合法性。尽管有所谓天子、天命的说法，但皇权也要治理，治理得不好，老百姓活不下去就起义、造反，王朝轮替、"天道无常"嘛。

所以我想共产党以后也一样，合法性是综合性来源。我不认为开放"一人一票"就有所谓合法性、道义正当了，经济搞不好，照样社会动荡。但如果中等收入群体壮大成为社会主体呢？你看东亚，为什么日本的安倍坐得那么稳？

他的经济搞得不错嘛。在东亚文化里，"发展的合法性"远比所谓的"选举合法性"更重要。选举的合法性是次要的，发展的、来自社会治理绩效的合法性更重要。前面我们已经聊过"有效政府"，关键是治理要有效、该做的事情要做下去。所以我觉得，以后合法性基础不会是单一的，但无论如何，经济治理、经济社会发展永远是最重要的，永远没有终点。全世界都是这个道理。

侠客岛–公子无忌：

前阵子读邹谠的书，看到一个论点很有趣。他说中国 20 世纪以来的历史是一个"赢者通吃""败者全败"的过程，政治中不同的力量之间缺少妥协、分享，或者说共同参与决策的过程。您怎么看？

郑永年：

革命当然就是这样。邹谠的核心观点是"totalism"，我们翻译成"全能主义"。我并不认同这个概念。从中国历史看，几千年的皇权，但即便是集权的朝代，皇权跟相权共享权力也是很寻常的。权力共享的制度安排，汉朝就已经有了当时的"三权"。大多数时候王权"统而不治"，尤其在"中央—地方"的结构里，皇帝管的东西少之又少。如果去看儒家的政治观点就会发现，儒家是反对"大政府"的，一直主张"小政府"，主张政府不要管经济。法家是相反的。当然，汉朝以后，儒法整合起来，这是有意的设计。

"皇权不下乡"，并不是皇权下不了乡，而是主动不下乡。你看朱元璋说的，皇权绝对不是下不去，而是精心设计的结构。所以说"全能主义"在中国从来没有产生过。我的下一本英文著作里写，中国几千年的历史，只有几个时期，可以称之为邹谠先生所说的"全能主义"，如两汉之间王莽改革、宋朝王安石改革、朱元璋改革等。时间都很短，不长，可以称得上"国家主义"。其他的时期，事实上政治、经济等各方面都非常平衡。

革命时期肯定是集权的，这没问题，形势使然，不集权可能就死掉了，没有钢铁纪律怎么革命？但是革命时期不能说"全能主义"，因为革命时期党还不是执政党。国民党也称不上"全能主义"，因为没有进入农村。毛泽东的几十年也不是"全能主义"，那时候也有很多分权，比如他说每一个地方都要自力更生，防备战争。北京打掉了，天津自己能生活；浙江打掉了，江苏也能生活。各地自给自足，也是很分权。典型的所谓"全能主义"没有产生过。

妥协也有的。历史上说共享，共治，君臣共治，其实还是共和。所以明清时候，利玛窦那些早期外国传教士到中国来之后问，中国怎么比西方还共和？皇权统而不治，所有东西都是让大臣、官僚机构准备好了之后颁行，官僚机构一直扮演很重要的角色。所以妥协一直也是有的，这也是共和。明朝加起来皇帝有一百多年不上朝，虽然太监干政，但主要还是官僚机构在治理。所以不能把一个几年的事情说成长期的。北洋军阀大多不是土老帽，是儒生出来的，实际上是最有知识、受教育程度最高的人。但是共和失败了，这是历史里最糟糕的一件事。我们的邻居日本就成功了。所以思维要跳出后殖民状态，否则永远看不清中国的真正问题。不能总拿西方的理论来套中国。

但同样，开放性的社会，哪怕集权一点也没问题，只要开放就行，不开放就不行。如果是不开放的政治体系，就会变成几个既得利益了，越来越大，尾大不掉。所以，一定要让这个体系开放，"铁打的营盘流水的兵"，"铁打的营盘"就是中国共产党，但必须有"流水的兵"。其他领域也一样，社会领域、经济领域都是，一定要是开放的。这也是中国文化的核心精神。所以一党执政、多党合作是没问题的，主要是开放。

侠客岛-公子无忌：

　　您说到东亚的"发展合法性"。的确，普通百姓主要关注自己的日子好不好过，对明天有没有期待。我们前面也聊到中国经济发展的迅速程度，说到中国模式。确实，中国的经济到底是怎么发展起来的？中国政府到底做对了什么？或者说我们的官员、干部当年为什么那么有动力？当年有种言论说"适度腐败有益发展经济"，争议也很大。您怎么看？

郑永年：

　　适度腐败论当然站不住脚。真正好多干得好的干部也不是腐败啊。当时有人解释腐败现象，但不能说腐败可以促进发展的。我是觉得，当年的动力来源，一是当年企业家大多一穷二白，大家都往前冲，有冲劲，有理想，干部提拔体制也好，公务员的工资也是在提高。公务员也是人嘛。

　　我以前说中国的发展有"四条腿"，地方政

府、国有企业、民营企业、外资。地方政府之间的竞争、提拔，就是张五常的理论，县与县之间的竞争，省与省之间竞争，促进了发展；官员的提拔、涨薪也很重要。当年国有企业为何要提高工资？不仅仅是学西方。你看褚时健事件，他管那么大的资产，给他那么一点点钱，这种企业家，你怎么样给他物质激励呢？也要提高工资嘛。物质肯定要的，但光物质是不够的。

当年"四条腿"促进了大发展，经济不好的时候就更要对照看看"四条腿"的状态。地方政府没法动，官员不干事；国有企业道理也一样，没动力。可能在挤压民营企业空间的时候有动力，但这不是促进生产力。民营企业在缺乏法治、产权保护的环境里没有安全感，经济空间也在收缩，所以我们刚才谈到怎么扩大经济空间、投资空间的问题。外资现在就是看贸易摩擦能不能促进真开放。真的开放也好，但是还得看到底能开放到什么程度。

侠客岛-公子无忌:

如果我们回溯过去几十年的改革经验，举世公认的一条经验是，中国的政府，包括各级的官员、干部，在经济发展中发挥了巨大的作用。社会话题也会影响到公务员队伍和政治领域。我们跟一些公务员岛友交流的时候会发现，他们在自身层面最关心的，一个是诸如提拔等政治待遇，另一个是工资福利等物质待遇，这也是人之常情。改革开放初期年轻干部断层，客观上产生出来一些空缺，加上干部年轻化的潮流，带来了人才上升；现在冗员、熬年头、晋升难的问题又凸显出来了，房价、物价、教育、养老等生活压力也很大，所以也造成了一定程度上的"队伍焦虑"。

郑永年:

公务员受挤压，空间小，这个问题得分开看。朱镕基改革的时候压力多大啊？多少人下岗？但朱镕基很聪明，我开放空间给你。同样是那个时代，相当多的公务员下海，后来变企业家。所以现在的问题是有压力，但没空间，空间反而变小了，这就很有问题。这边挤压，那边空间也挤压，所以没办法。朱镕基是这边挤压，那边"拆庙赶和尚"，要改制，以后得到更大的空间。这就是进步的动力。所以我们说的空间分布很重要，要有政治空间、经济空间、社会空间。完全可以更自信，去多开放点空间，有空间，大家就不会骚扰别人了。没空间，挤压得太死了，反而会让人有一定要冲破牢笼的想法。

侠客岛-公子无忌：

"为政之要，首在得人"。有学者说的一句话我很认同，不要"制度迷信"。所有的制度，所有的法律，最后还是要人去执行。所以人才培养、干部培养、精英培养才显得重要。问您个稍微私人点的问题：您是政治学出身，长期做国际关系分析、国际战略观察，您觉得未来政治学学科在政策制定、实施过程中应该扮演什么样的角色？知识分子的学说应该产生什么样的实际效用？

郑永年：

你提到人，人才真的很重要。现在，我觉得比较遗憾的地方在于没有真正把"人"提到中心地位。经济发展也好，社会也好，制度也好，没有把"人"放到中心地位，尤其是在实际操作中。这是今天中国所面临的最大问题。

我的观察是，中国富裕了，大家喜欢中国；但大家喜欢的是中国人的钱，不是喜欢中国人。印象不好。我们刚讲人才、干部、老百姓，如果人不文明，最好的制度都是有问题的。你制度哪怕最烂，如果人文明，人家对你的感觉也不一样，对不对？中国现在这个问题很突出。

我最近看史料发现一篇文章写道，日本人明治维新时，一方面是制度建设，这也是我们20世纪80年代改革开放大家在学的东西；但同时另一方面，日本人当时反复提一个问题："我们够文明了吗？"这是他们自己提的问题，反复地问，我们的老百姓够文明了吗？我们自己的精英够文明了吗？西方对日本人的问题也是这样。在这一背景下，日本"脱亚入欧"，实际上是围绕一种"文明观"的。所以我们看日本的经验，不仅是实现了制度的转变，也不断去提倡人的文明升级。

追求文明，文明最重要的基础是人。其实对普通人来说，你什么政治制度无所谓，对其他国家的政府也没什么感觉，直接的观感来自于人。所以下一步中国应该在这方面想办法，整体社会的文明程度怎么去提高，不能继续缺位了。

你刚说到知识分子与公共政策的问题。从目前来看，国内的政治学、社会学，对公共政策的影响不大。为什么会这样？主要是因为知识体系的问题，没有提出中国自己的命题。当然，这也是近代以来历史的产物。

回顾中国几千年的历史会发现，中国的皇帝并不直接控制知识领域，这个领域归士大夫阶层控制。唐太宗的时候有《贞观政要》，也不是皇帝本人的著作，是他跟大臣的对话录；等到下一朝，这书也就不发行了。在相当长的时代跨度里，知识领域或者说意识形态领域一直是交给士大夫阶层来操作的。

近代以前，中国的社会都是在维持，不需要有现代意义上的"进步"观念。士大夫跟官僚阶层合二为一，士大夫阶层就是知识分子，知识分子的理想出路也是做官。近代以来就不一样了。近代以来当然有许多巨大变化，其中关键变化之一就是废除了科举制，知识分子跟"官"分开了。同时，近代以来有了"进步"的观念了。谁的"进步"？传统的"知识分子—官僚"变成了落后帝国的象征，相比之下，政治人物开始显著"进步"。那知识分子做什么呢？领袖创造话语，知识分子只剩下论证功能。知识界没有对政策的参与，只有政策论证。这是近代以来的发展产物。

但我们现在慢慢会发现，如果知识分子只是论证政策的合理性，那就会出现很多很棘手的问题。前面说，美国的智库研究"一带一路"、研究"4万亿"的后遗症，人家掌握的情况比我们还详细，总结的经验教训比我们还深刻。现在有不少讨论说到决策科学性的问题，很多决策不科学嘛，一发布就舆论哗然，然后迫于舆论压力又朝令夕改。

公共知识应当是为公共政策服务的。政策制定不科学，跟知识分子没有参与、参与程度低是有关系的。20世纪80年代万里副总理提"决策科学化、民主化"，目标是对的，但是决策机制一直没有建立起来。80年代初，当时领导人找像王岐山、楼继伟这一类当时的年轻人参与研究政策，但没有形成制度，而是因为领导人自己的政治风格使然，作为整体的知识界没有真正的影响力。为什么政策不科学、出错误？就是这个道理。如果一个人既是决策者、也是政策研究者，会科学吗？

我是觉得，中国如果要成功，唯一的方法，就是在现有体制下，把政策决策跟政策研究分开来。政策研究者就是要说真话，不是来论证政策科学性的。我提供几项政策方案，你接受哪个方案我管不着，我就拿几个方案出来：这是什么问题，怎么产生的，有几种解决方案，每个方案思路为什么是这样，可能有什么样的成本和预期，我都提供给你。你要用哪一种我不知道，会产生什么结果，决策者自己去选择。如果决策者也是政策研究者肯定会失败，因为他肯定会论证自己的政绩、政策有多么好，人都有自身的倾向性和局限性，人性就是这样。中国知识界一定要看到中国的决策背景在这里，单纯把西方东西拿过来是没用的。知识界跟政府不是对立的。

我一直研究公共政策。我的看法是，顶层设计不能变成领导决策，领导决策不能变成领导秘书决策。为什么？就是政策制定要科学。

比如我们分析自贸港这个案例，就要考虑到成功和失败的机会。我当时跟官员说，自贸港如果放在上海，就很难成功，因为试错成本很高。当年深圳为什么成功？没试错成本，一个小渔村而已，失败了就是一个小渔村，成功了就是一大片。但上海不一样，上海万一失败了就影响整个国民经济。所以一定要放在又有成功的条件、试错成本可以接受、就算失败也不影响整个国民经济的地方，成功的可能性就大。放在海南可以，没什么试错成本，但是成功的机会也缺乏，因为缺乏人才，经济体量也不够大。前两天他们去新加坡学习自由贸易港经验，我就跟他们讲，如果想成功，第一可以试试跟新加坡合作突击一个项目，像当年苏州一样，让新加坡给培训官员；同时你的管理人才不要局限本省本地，要面向全国招聘。这样才有成功的可能。

改变这种局面当然还有一种途径，就是无论是政治还是经济，要开放给知识分子参与。

某种程度上，我们的学者没有参与政治经济管理实践的机会，于是只能读书。因为他不了解中国现实，只能读书，我们知道近代以来的学科又大多数是舶来品，读的大部分是西方的书，所以这种知识界"被殖民"的状态也在所难免。尤其是政治，知识分子没什么机会直接了解政治、感受政治，政治离他很远。以前士大夫直接从政，两个身份是合一的。科举考什么不要紧，你写诗歌写文章，没关系，熟悉政治就可以。西方不少数据是开放给知识界的，也有一些"旋转门"，像基辛格、布热津斯基、萨默斯这些可以很直接地影响决策。这些制度中外的差异很大，需要有一定程度的改变，否则社会科学就永远是空谈。社会科学空谈，政策研究就一定不科学，形成恶性循环。马克斯·韦伯为什么写官僚制写那么好？他自己就是个官僚，后来出来做学问的。

以前中国大陆的绍兴师爷就是幕僚制度嘛，现在台湾的行政团队后面也有幕僚，是知识分子。但台湾的制度也不行。我的同学江宜桦去当台湾行政部门负责人，我就说你一个教授当行政部门负责人有问题。这我也不赞同，因为确实是两码事。美国真正的知识分子从政的也不多，傅高义当过情报官，但也是做宏观分析，做大战略，不是具体的地面情报。基辛格这种人是很少的，大部分还是官员，知识分子提供战略和研究咨询。台湾李登辉当政的时候，85%的官员都是欧美的博士，肯定脱离社会嘛。马英九当政的时候，政府官员学历高得不得了，有什么用？什么事都做不成。也不能以教育来论一切。政策研究不见得非得是博士才能研究得好，杜润生也没有博士学位，照样是真正的大家。

❾

治理复杂社会：

集权、分权和干部责任

过分分权，山头林立；过分集权，唯上主义。

上收财权，也要相应上收责任。

治理复杂社会需要高度专业性。

侠客岛-公子无忌：

聊聊央地之间的关系，尤其是财权事权关系。现在有很多讨论，说地方财力有限，财权和事权不对等，要办很多事但钱不够。从这个角度来说，下一步中央和地方的权力结构是不是应该进行一些调整？

郑永年：

"应当"的讨论大家会有不同的想法和结论，我觉得还是要从现实主义的角度去讨论。我们的前提是，20 世纪 90 年代的分税制，中央财权已经拿上去了，已经掌握的权力中央不会放下去。这跟普通人一样，企业家有了钱，也不想要给你。解决困局的方法我也思考了很多年，就是在上收财权的同时，把责任也收上来。

什么意思呢？我们跟政府有关系的，比如社保，就到市一级，连省一级统筹都没有。广东深圳的社保到了广州不能用，广州的社保到了深圳也不能用，是市级统筹。

有一本书，我们老翻译错，叫 *The Formation of National Government*，其实是讲中央政府的，但过去把它翻译成"民族政府""民族国家"（national state），这是不对的。National state 就是中央政府、中央国家，民族国家是 nation state，没有"al"。这书是以前一个研究马克斯·韦伯的德国教授写的，说的是中央政府提供、中央统筹的公共服务。都是国家的子民，只要是中央政府的子民，享受的基本服务是一样的。德国、英国、美国都一样，联邦政府统筹，至少统筹一部分。所以美国任何一个角落的人到了纽约，或者纽约人到任何角落，都可以享受。中国有没有呢？没有。这表明什么呢？就是中央政府把财权集中起来了，但没有把责任集中起来。

这是今天"中央—地方"关系最大的问题。比如教育，中央政府只负责一点，假设属于教育部的大学，基本工资我给你发，其他所有的东西都是地方政府的，教育、医疗、治安等。

所以为什么现在地方债的话题大家讨论得多？地方政府面临那么大的压力，没有财权，但有相当庞大的责任。

所以唯一的办法就是中央政府要把钱放下去，或者把责任集中起来。合法性也是需要这方面的。为什么广东人、浙江人需要中央政府？不能光用抽象的爱国主义，我也是股东，你要把责任承担起来。这一块还是空白。现在的局面还有不公平的成分存在，中央和地方就是财政转移支付之类。为什么以前"跑部钱进"？谁哭得厉害谁钱多啊，形成很多恶性循环，甚至为了拿钱故意制造点不稳定事件，导致国家产生很多的社会问题。我稳定了，没钱；不稳定了，就有钱。这就搞得对立了。问题的根子就是没有把责任收起来。

我觉得下一步有可能的、比较合理的、也符合世界潮流的，就是中央政府能集中更多的责任。我们前面说到企业要对社会承担更多的责任，中央政府也要承担更多的责任。如果这一步实现了，中国的政府机构就可以进一步改革，因为现在政府机构层级太多。几千年县级政府就是最基层的政府，现在多少级层政府？供养的负担也很重。所以我们前面说"纲举目张"，要找到一个切入口。刚才说股市房市，切入口就是股市，否则房市永远没希望；"中央—地方"关系的切入口，就是中央的事权。如果换一种方式呢？如果用社会福利的方式呢？可能钱没增加多少，效果却不一样。

回看中国几千年的历史会发现，"中央—地方"的关系弄不好，天下就永远不太平。"中央—地方"关系好，天下太平。现在大家普遍担心的金融危机、地方债务危机，也是"中央—地方"关系的体现。这是总体性、结构性的因素。

侠客岛-独孤九段：

但如果中央把事权也收上去跟财权相匹配的话，会不会影响到地方做事的积极性？因为事权上去肯定也伴随着财权上收。

郑永年：

地方的政府层级可以减少一点，现在太多了，要那么多层政府干什么？财政负担多重啊。事权上收，就为地方政府精兵简政创造了条件。如果还是维持现状，绝对没办法精兵简政，只能扩张，不能减少。政府层级太多，每一层都需要钱，又累积出地方债务危机。一定要创造条件。像日本还是中国秦朝的制度呢，郡县。日本完成工业化以后，政府层级很少，一样干事。前面咱们也聊过，西方发达国家很多"市"都没什么具体事务，日本、美国、欧洲，很多城市、小城市就跟社会组织一样，哪有什么行政级别之分。城市没有级别，一个市长组个团队就够了，主要有警察治安就行，好多东西就是中央政府统一管理的。

侠客岛-独孤九段：

但如果财权跟事权都上收中央，会不会影响到您前面说的市民社会，或者说社会自治的空间？

郑永年：

当然会创造出更多空间。如果政府层级太多肯定压缩社会空间的。以前简单社会，单位制度行之有效，今天都崩溃了。以前我们农村，一辈子在这个村里，永远不走，现在是流动社会，像涂尔干写劳动分工，说自杀什么的都是社会转型、城市化的后果。封建时代一个城堡就可以管理领地，多简单。现代国家管理方法不一样，现在后现代化、后工业化又需要不一样，所以统治或者说治理方式也要与时俱进。前面聊到，现在技术手段那么发达，尤其互联网已经给统一的公共服务创造了很多条件，对不对？就看思维和改变的决心了。

侠客岛-公子无忌：

之前说经济发展不平衡，其实各地的治理水平也很不平均。我们去各地采访，普遍的感受是沿海经济发达地区，治理水平也更高，官员的专业度、敬业度，包括开明程度、社会结构也更先进。这当然是依托于经济发展的。但问题是，落后省份地区怎么办？

郑永年：

任何大国完全均等都很难。像深圳、上海，治理水平跟社会结构的复杂程度有关。社会结构复杂是给定的条件，要管理就必须有比较高的专业水平，对不对？内地省区社会结构比较简单，可能也不需要这么多的管理方式。这是客观现实，关键问题是干部、人才怎么流动。一般来说，管理复杂社会的官员调任相对落后地区，可以一定程度给当地带来管理水平的提升；反之可能就倒退。比如上海、浙江干部到了西北，不一定打包票完全管好，但发展经济是可以的，会有不同思路。所以我们国家的人才培养应当是分类别的，要完全均等很难。

干部需要流动，如果不流动就很难办，固

化了。但如果一个地方干部流动太多太频繁，也管理不好。几千年都是这样，一定要地方干部跟外来干部相对平衡。地方上来的干部熟悉情况、有经验，但在一个地方待得太久，又会产生他的既得利益，甚至黑恶化。所以说要有平衡，就是我们前面谈的传统政治的平衡思维。日本也是这样，各地的警察基本都是外面派来。西方的制度设计是先从地方开始选举，也是本地化。中国则是要考虑干部任命和流动，所以才有外来人才跟本地人才的平衡。需要科学性，干部培养流动都需要科学，毕竟哪怕再过二三十年，我们的经济区域差异还是会存在的。当然，给落后地区派干部，光派"一把手"也是不够的，得系统性地做培训提高，否则下面干活儿的还是不执行。

侠客岛-公子无忌：

是的，日常在政治运作中我们经常会看到这样的现象，比如上面政策很好下面不动，或者政策实施了又很难考核，又或者政策决策不科学、朝令夕改，但又没有足够的约束机制。

郑永年：

这就要处理好"两个责任"和"集权—分权"的关系。

什么意思呢？从整体上看，中国制度从历史看就是如此，太分权的话，责任谁来承担就模糊掉了，不知道谁承担什么责任，不清楚，互相推诿；但是太集权的话，最后就是皇帝一个人负责，其他人负不了责。宋代就是这样。

责任是两方面的。假设你是我的上级，我确实要对你负责，这没问题，否则国家怎么维持？下级要服从上级，全世界都如此。但同时，我也承担另外的责任：比如我是县长或者省长，我就有责任把属地管理好，发展好。这是两层责任：对上的、对管理范围内的。两层责任同时承担，国家就正常运作。一定是这样的——如果光把地方发展好了，但不听上级的，政治就混乱，山头频出，各地割据，无法令行禁止，国家不行；但光听上级，唯上主义，不对下负责，更不行，民意会沸腾。所以，处理好分权和集权的关系，非常需要政治智慧和历史智慧，就是要取得平衡。

侠客岛-公子无忌：

这确实衍生出很多问题，或者说很多问题的根源也在这里，就是要处理好政策长远性和短期性的平衡。前面咱们说到干部、官员、管理者，其实现代社会越来越复杂，管理水平也相应要求水涨船高。比如股市、楼市、外汇、投资，这些东西要求高度的专业性。如果不具备专业性和综合性的平衡，就很可能出现政策不停短期"打补丁"的状况，一个政策出来发现民意反弹，再打补丁，反复打，甚至可能后面的跟前面的都存在矛盾，最后问题丛生，什么也没管好。

郑永年：

这方面问题更严重，就涉及选拔官员的标准。官员的专业标准是什么？我们现在可能专业标准只是看受教育制度、学历背景。我以前比较过类似的制度。比如美国的金融监管跟中国就有很大区别：美国的金融市场管理者基本上都有市场从业经验，经验很丰富。过去没这个需要，简单社会嘛，但是社会复杂化了，治理起来就必须有经验。

侠客岛-公子无忌：

早年社会上有"公务员热"，大家认为这不是很健康。后来更多精英流向了金融、互联网、科技、创业，这也蛮好。但国家毕竟还是需要很多专业治理人才，使决策更具科学性。咱们前面聊到知识分子，一方面您说现在的知识分子更多地在论证决策，但另一方面，是不是决策也需要更多建立互动沟通机制，把学界、业界、媒体界、普通民众更多地纳入咨询、讨论的流程中去，使决策的沟通性更强、也更科学、更开放？

郑永年：

空间是我非常担心的问题。以前官员的空间窄了，我开放互联网、民营企业的空间，社会精英可以去那个空间。现在问题是，如果官员的空间没有了，民营企业空间也没有了，这帮人怎么办？就很危险了。要有党内的政治生活，大家要有常态化的发声机制。先从党内开放做起，才可能传递到更大的社会领域。

现在很好的机会是，通过反腐、整风、治党，党内具备了改革的更多条件。万事俱备，就需要更好的发展模式，更好的 business model（商业模式）。否则的话，当反腐对普通人的新鲜感、冲击感过去之后，大家评判的标准还是看跟我的生活有什么关系，我的办事有没有更方便，做生意是不是更舒心。反腐反掉了过去坏的东西，就要有新的、好的东西替代。所以无论大事小事，改革方案关键是要落地。如果不落地，政策就会失去自己的可信度，无法建立公信力。现在有的地方案牍主义太严重了，我认识一个市长，每天都得看 30 公斤材料，一个政策还没看完呢，第二个政策就下来了。所以前面说纲举目张，全面改革得有轻重缓急、优先次序。

侠客岛-公子无忌：

是这样，毕竟经济发展尤其是现阶段多重因素影响下的经济发展还是相当需要复杂精巧的治理方式的，不是说好像我们不用理它，经济就自动往前走一样。

郑永年：

这里还有一个如何加强党的领导的问题。从哲学的角度讲，这没什么问题，但是在实际操作中怎么加强党的领导，尤其是在经济、在企业领域怎么加强，要讲方式方法。现在一些办法太死板了，也肯定不是高层的意思。说实话，这方面我们要补课，否则我们没办法更好地体现执政党、国家的政治意志。其实新加坡的国有企业比我们做得好，控制力也更强，但外界不会觉得你是国有控制下的、非常独特的企业。中国的一些做法就太过于机械，还是老的思维方式，比如一个现代企业有了党委、党支部以后，怎么运作？怎么跟工会相处？这都是需要研究的。这方面功课做得不够，加上法治化、制度化程度比较低，对实际企业运作、对外资的信心都有不小的影响。

传统资源汲取：

从两千年到四十年

两千年的大传统、现代以来的中传统、改革开放以来小传统。

决策、执行、监察，"新三权"各自的边界在哪里？

政治需要妥协，妥协也是艺术。

40多年了，现在依然特别需要放下分歧，"团结一致向前看"。

侠客岛-公子无忌：

　　咱们说到责任，上下级的责任、中央和地方的责任。其实社会上大家现在对于权力和责任意识也在增强，比如舆论经常会要求某些新闻事件中要有人负责。的确，如果只对上负责、不对下负责，确实某种意义上也会损害公信力。

郑永年：

　　当然。一方面要理顺权力的结构关系，尤其是在改革进入深水区的时候确实需要集权，对吧？如果都没人对上负责，就会出现寡头政治。但同样，如果下层官员不对管辖范围负责，合法性就受到损害。所以就说，中国历史上最重要的，包括毛泽东、邓小平都提过，就是怎么平衡。前面聊到，毛泽东搞过论十大关系，后来发展到十二大关系，现在也应当梳理出新的几大关系，重新论述一下，因为可能关系更多了。对不同关系的论述，实际上就是讲平衡。

　　　　　　　　　　　　侠客岛对话郑永年

侠客岛-公子无忌:

前面聊到邹谠,其实他对于"全能主义"的论述中,很有启发性的在于权力约束。如果没有约束,可以随意侵入任何社会领域,就会出现很多的不确定性。同样,如果外部没有约束机制,老百姓的批评如果无法构成约束,同样也很危险。

郑永年:

古语说"普天之下,莫非王土",从这个角度来说,确实"全能主义"。但是别忘了,皇权也好,相权也好,每个地方都有"礼",也就是一套相应的机制来约束。这方面有很多的历史经验可以总结。为什么要回顾40多年? 邓小平时代的进步,不就是总结吸取了毛泽东时代的经验教训吗? 这40多年也有很多可以总结。顶层过分分权会怎么样、过分集权怎么样? 基层正常的常态是什么样? 党内生活没有边际是什么样,同样基层毫无边界地议论上级会怎么样,如果党内都悄无声息又怎么样？这些都清楚总结好，就知道政策的边界应该在何处。

我刚才说了，太分权，我只对地方负责，就出现各种山头。太集权，官员只对上负责，也不行。所以分权和集权的关系要借鉴历史智慧，要平衡。打击寡头政治是对的，但要警惕地方的唯上主义，因为这样就不承担自身的发展责任了，出了问题只管控，也是很糟糕的。

其实这在中国历史上也发生过多次。我读钱穆老先生的书就觉得特别有意思，比如比较唐、宋的央地关系。唐朝有安史之乱，但即使首都洛阳被攻占了以后，政权依然能生存下来，因为唐代是分权的，每个地方都有保护自己的能力和动力，所以中唐之后，王朝还是可以恢复起来。宋朝是集权的，强干弱枝，只对皇帝一个人负责，皇帝被抓走了，北宋就亡了。历史真的很好玩，很值得琢磨。

中国的制度设计其实蛮有意思的。汉朝有皇权、宰相，还有监察御史，其实监察御史属于副宰相，要低一级。现在的设计其实也是低一级的。但如果督查、检查太多，基层实际上是没法儿干活的。同样，如果监察太过积极靠前，也会出现互相告状的问题，因为告状是零成本的，诬告也零成本。一告就停职，即便最后查出来没问题，位置也没有了，直接出局，这就很麻烦。

侠客岛-独孤九段：

是的，我们写过相关的文章，比如省里布置检查，市里赶紧先去查一遍，县里也要先查一遍；省里查一次，县里要查三次，很折腾，到最后，只能催生一堆形式主义。

郑永年：

官僚制下最典型的问题就是层层加码。比如我去一个地方，打比方中央规定处长办公室面积可以用 12 平方米，按中央规定办就好了嘛。不行，省里说，减 2 平方米，10 平方米；市里又减 2 平方米，8 平方米。说起来严格按照中央规定不就好了吗？每一层都要加码，很多领域都是如此，形式主义。到最后不考虑基层实际需要，政策走样得很荒唐。

我们说，从制度设计上，新的权力结构、"新三权"很好，但是现在刚启动，还没有足够的经验去给这种权力结构设下边界。如果看历史我们发现，比如汉朝，监察御史只有六个职能领域，在这六项职能范围内才能监察；如果你事无巨细都要监察，执行权事实上就废掉了。历史经验是很多的。如果监察、督导、督察事无巨细，不留死角，所有的角落都查，而且是多重来源的，有纪委，有监察，有审计，还有上级部门各种的形式，太多了。如果这种权力不规范、不限制、没有边界，就不好。下面还怎么做事呢？这样下去会出问题的，不光有懒政消极，还有说假话、应付上级、形式主义。我看新闻里说湖南一个地方纪委去检查，通报里面说你办公室里有小说、有吃的、有植物，都要批评。如果连这都监察，那还怎么做事？"民无所措手足"，"官"也无所措手足啊。

侠客岛-公子无忌：

怎么样让政策不走样，千百年来一直是老大难问题。

郑永年：

政策要有可信度。如果政策频出，但最后大家发现都没有落实，或者跟自己有切身关系的那种政策没落实，久而久之大家就有"狼来了"的感觉，不信了。所以你看当年邓小平真的很有历史智慧，他多次亲自力保年广久。邓小平又不认识他，但他知道，我提"傻子瓜子"，是给全国送出力保民营企业正常运作的信号。他做具体的小事，一件事出来，大家就都明白了。一点不抽象。

所以我说，要加强党的领导、改进治理绩效，有三方面的资源、或者说三个传统可以汲取：2000 多年的"大传统"、现代以来的"中传统"、改革开放以来的"小传统"。要不要总结呢？总结 40 年可能还不够。2000 多年的传统抛不掉的，中国有强大的历史观念和历史惯性；现代五四运动以后的观念也抛不掉，比如民主科学的观念早就深入人心；改革开放以来的人心、传统、习惯也已经形成了。这三方面如果去系统梳理，趣味无穷，政治遗产和思想遗产都非常丰富。我现在写的书就写到传统部分，写着写着马上就 10 万字了，体量不小，也很有意思。

中国的传统太丰富了，而且好多都具有操作性。别忘了，中国的许多传统制度和做法，近代之后是通过东印度公司传到西方，对西方产生了巨大影响。典型的，文官制度，就是学中国。我在书中也写到中国的"政教分离"观念——不是全然否定宗教，但宗教不能影响政治，"敬鬼神而远之"，不能干预政治。包括政商分离、士农工商、商的经济权力不能直接转换为政治权力，都很好。

说实话，西方如果没有从中国学这些内容，现代意义上的民族、民族国家是不会出现的。当年的美国也是学习中国的公务员制度。没有中国"有教无类"的思想，也没有西方的大众教育。当然，更切实的问题是，很多东西都是起源在中国，但是中国没有发扬光大，西方实践得更充分。

　　中国传统"官"的概念里还有"吏"，政务官、事务官是分开来的，"官"和"吏"分开，这都很科学。皇权跟相权分开，分工有边界，皇帝有他的"礼"，丞相有另一套"礼"，都是规矩、规则。

　　所以我们不要有制度迷信。从历史上看，我们可以学西方，但学西方不是变成西方，不是变成美国，是让自己更好。自由派当然不这样，一定要让中国变成美国。变不了的啊！除非像迈克尔·杰克逊，把皮肤全部换掉；但即便换掉，内里还是不一样啊！

侠客岛-公子无忌：

　　梁启超以前跟清华的学生讲，如果我们要全变美国的话，搬一百个洋博士来就好了，要你们赴美留学干吗？

郑永年：

　　变不了的。思考问题的起点还是中国。即使我们想变成美国，也是变不了的。就这个道理。

　　其实中国几千年不变。你看现在，基层、农村，主要是村民自治是吧？村民委员会、党支部、经济组织。中国几千年也是这三个组织，只是叫法不一样。绅士，搞意识形态；收税的人，就是现在的经济组织；还有管治安的。也是这三套组织，只是名称变了，人变了，权力结构还是如此。以前皇权不下乡，但虽然权力没下乡，意识形态下乡，代表皇权的国家精英，跟代表基层的社会精英，实际上取得了平衡，所以要转型。以前我们讲基层政权要"在地化"，就是很好的思路。

侠客岛-公子无忌：

　　"在地化"这个词现在台湾讲得多，官员在地，包括农产品、音乐、文创都要"在地"。

郑永年：

　　我们提出来更早一些。道理是一样的。

侠客岛-公子无忌：

　　北大的潘维老师讲社会主义的优势之一，就是"办大事"和"办小事"，能集中力量办大事，也能发挥基层毛细组织的作用去办群众的小事。

郑永年：

　　潘老师是老朋友了。办大事、办小事没问题，不冲突，但是要在地化。小事主要就是社会自治。要让社会自己去办小事；如果大事小事都由政府一把抓，就出现冲突了。

侠客岛-公子无忌：

　　所以从现在去看历史，我们会发现 1978 年很重要的共识就是，大家要解放思想，实事求是，团结一致向前看，一块儿把国民经济搞上去，让大家的日子都好起来。40 多年后，您觉得现在这个利益高度分化的社会，是否还应该达到某种共识？

郑永年：

　　特别需要。反腐败进行到现在，社会分化、利益分化到现在，大家真的应该求同存异，把异议和争论放下，大家团结一致向前看，否则没有结果。一个社会哪能总是你抱怨我、我抱怨你，你破坏我、我破坏你？差异是有的，求同存异嘛。国际关系也是一样。真的应该像邓小平说的，团结一致向前看，确实需要总体方向。政治需要妥协，像邹谠说的，胜者为王败者为寇的政治哲学不能继续，这是最烂的政治。团结一致需要妥协，妥协也是智慧，也是艺术。

责任编辑：洪　琼
装帧设计：林芝玉

图书在版编目（CIP）数据

侠客岛对话郑永年／人民日报海外版"侠客岛"编．—北京：
人民出版社，2019.6
ISBN 978－7－01－020578－6

I.①侠…　II.①人…　III.①社会发展－中国－文集
②中国经济－经济发展－文集　IV.① D619–53 ② F124–53

中国版本图书馆 CIP 数据核字（2019）第 054130 号

侠客岛对话郑永年

XIAKEDAO DUIHUA ZHENGYONGNIAN

人民日报海外版"侠客岛"　编

人民出版社 出版发行
（100706　北京市东城区隆福寺街 99 号）

北京盛通印刷股份有限公司印刷　新华书店经销

2019 年 6 月第 1 版　2019 年 6 月北京第 1 次印刷
开本：850 毫米 × 1168 毫米 1/32　印张：5.875
字数：100 千字　印数：00,001-45,000 册

ISBN 978－7－01－020578－6　定价：49.80 元

邮购地址 100706　北京市东城区隆福寺街 99 号
人民东方图书销售中心　电话（010）65250042　65289539